电子商务专业新形态一体化系列教材

网络广告制作

主　编　王亚娟　刘小榴
副主编　张勋若　夏美云

北京理工大学出版社
BEIJING INSTITUTE OF TECHNOLOGY PRESS

版权专有　侵权必究

图书在版编目（CIP）数据

网络广告制作 / 王亚娟, 刘小榴主编. —北京：北京理工大学出版社，2022.12 重印

ISBN 978-7-5682-8886-6

Ⅰ. ①网⋯　Ⅱ. ①王⋯　②刘⋯　Ⅲ. ①网络广告　Ⅳ. ① F713.852

中国版本图书馆 CIP 数据核字 (2020) 第 146520 号

出版发行 / 北京理工大学出版社有限责任公司	
社　　址 / 北京市海淀区中关村大街 5 号	
邮　　编 / 100081	
电　　话 /（010）68914775（总编室）	
（010）82562903（教材售后服务热线）	
（010）68944723（其他图书服务热线）	
网　　址 / http://www.bitpress.com.cn	
经　　销 / 全国各地新华书店	
印　　刷 / 定州市新华印刷有限公司	
开　　本 / 787 毫米 × 1092 毫米　1/16	
印　　张 / 11	责任编辑 / 陆世立
字　　数 / 240 千字	文案编辑 / 代义国　陆世立
版　　次 / 2022 年 12 月第 1 版第 2 次印刷	责任校对 / 周瑞红
定　　价 / 33.00 元	责任印制 / 边心超

图书出现印装质量问题，请拨打售后服务热线，本社负责调换

前言

随着互联网的发展,艺术设计专业也正发生着新的"变革"。原来以传统纸媒为主的视觉传达专业也陆续开设了一些数字媒体设计的课程,有的院校则单独开设了数字媒体艺术专业;广告学作为新兴学科,在新闻传播学科的领域得到了快速发展,已大大超过学科历史更为悠久的新闻学专业,呈现出蓬勃发展的势头。本书就是在这样的背景下编写而成的。

本书结合具体案例,讲解详细,浅显易懂,既可作为中职教材,也可作为网络广告设计自学者的参考书。

本书包括知识目标、技能目标、知识导图、正文、知识回顾、课后练习等模块内容,逻辑清晰,层次分明。

本书在编写过程中贯彻"实用、够用"的原则,基本概念的讲述力求简明、扼要,各章节之间承继连贯,论述科学,并辅以大量的优秀实例做论据,同时汲取了国内外近年来广告运作的新观念和新手法,以拓宽学生视野。本书有以下特点:

(1)力求为广告学专业各相关课程建立一个比较现代、科学、完善的基本体系,以便读者能比较系统地从宏观层面与微观层面把握现代广告运作的重要理论。

(2)本书图文结合,可读性强。

(3)既有具体案例又有操作过程,便于学生掌握。本书力求做到信息传播理论与广告运作的密切融合。在科学体系建构过程中,注意解决好"两张皮"的问题。同时,摒弃空泛玄奥的理论,对实际运作具有积极的理论启示价值。

本书共七章,分别介绍了网络广告概述(8课时)、网络广告设计基础(12课时)、网络广告创意设计(10学时)、网络广告版面设计(10学时)、动画与短视频制作(10学时)、网络广告的发布与测评(10学时)、网络广告案例分析(13学时)。

本书内容导图如下:

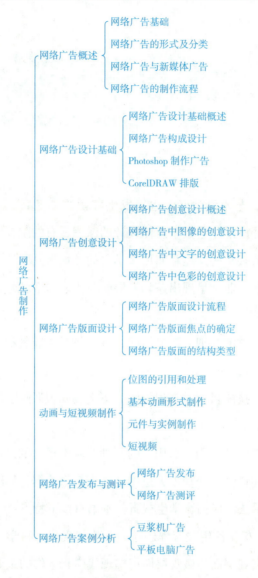

  本书在编写过程中参阅了大量的相关教材、网络资料、培训资料和专家讲座，在此对相关作者表示感谢。因为疏漏或因网络引用出处不详者没有列出的，在此对其作者表示深深的歉意。

  由于编者水平有限，时间仓促，书中难免有疏漏之处，望读者予以批评指正。

编者

目录

第一章 网络广告概述 ... 1
- 第一节 网络广告基础 ... 1
- 第二节 网络广告的形式及分类 ... 7
- 第三节 网络广告与新媒体广告 ... 15
- 第四节 网络广告的制作流程 ... 15

第二章 网络广告设计基础 ... 20
- 第一节 网络广告设计基础概述 ... 20
- 第二节 网络广告构成设计 ... 29
- 第三节 Photoshop 制作广告 ... 38
- 第四节 CorelDRAW 排版 ... 55

第三章 网络广告创意设计 ... 67
- 第一节 网络广告创意设计概述 ... 67
- 第二节 网络广告中图像的创意设计 ... 73
- 第三节 网络广告中文字的创意设计 ... 75
- 第四节 网络广告中色彩的创意设计 ... 81

第四章 网络广告版面设计 ... 94
- 第一节 网络广告版面设计流程 ... 94
- 第二节 网络广告版面焦点的确定 ... 97
- 第三节 网络广告版面的结构类型 ... 99

第五章 动画与短视频制作 ... 110
- 第一节 位图的引用和处理 ... 111
- 第二节 基本动画形式制作 ... 113
- 第三节 元件与实例制作 ... 128

第四节　短视频 …………………………………………………………… 133

第六章　网络广告发布与测评 ……………………………………………… 140
　　第一节　网络广告发布 ……………………………………………………… 140
　　第二节　网络广告测评 ……………………………………………………… 145

第七章　网络广告案例分析 ………………………………………………… 152
　　第一节　豆浆机广告 ………………………………………………………… 152
　　第二节　平板电脑广告 ……………………………………………………… 161

参考文献 ……………………………………………………………………… 169

网络广告概述

【知识目标】
1. 掌握网络广告的一般概念、主要形式和分类。
2. 了解网络媒体的特点和网络广告的优势。
3. 了解网络广告与新媒体广告。

【技能目标】
1. 能够根据网站内容选择合适的广告形式。
2. 能够根据网站内容选择合适的广告类型。
3. 能够判断网络广告的基本类型。

【知识导图】

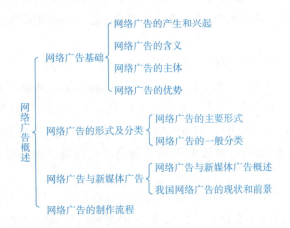

第一节　网络广告基础

一、网络广告的产生和兴起

20世纪90年代，随着人类进入互联网时代，数字媒体成为继语言、文字和电子技术之后新的信息传播载体。数字媒体的发展极大地改变了人们的生活，同时对传统的广告产生了深远的影响。

1994年10月27日是世界网络广告史上具有重要意义的一天。这一天，美国著名的 Hotwired 杂志推出了网络版的 Hotwired，并首次在网站上推出网络广告。网站主页上有AT&T（美国电报电话公司）等14家广告客户的网页广告，这标志着网络广告的诞生。此后，AT&T公司的广告语是"Have you ever clicked your mouse right Here？→ YOU WILL"，如图1-1所示。

图1-1

广告主和受众逐渐接受了这种新的广告形式。1999年第46届国际广告节将网络广告列为继平面广告、影视媒体广告之后的一种新的广告形式。全球互联网广告进入快速发展时期。

中国的网络广告始于1997年3月，IBM、Intel等世界著名IT公司在ChinaByte.com上发布网络广告。其中，IBM公司为宣传其新产品AS/400支付了3000美元的广告费。这是中国第一个网络广告，开创了中国互联网广告的历史。此后的两年时间里，许多跨国公司和国内企业开始意识到网络广告蕴藏着的商机，中国的网络广告市场进入迅速增长期。

2004—2005年，大批资金被投入互联网产业，众多互联网公司开始盈利，网络广告市场进入井喷式增长期，平均年增长率在70%以上。2005年，网络广告市场规模为31.3亿元，比上一年增长76.8%，超过杂志广告收入（18亿元），接近广播广告收入（34亿元），中国网络广告实现了跨越式发展。2006—2007年，中国网络广告市场继续保持快速增长势头，2007年与2006年相比收入增长了75%，网络广告市场呈现出稳步增长和异彩纷呈的特点。

2009年，中国广告市场互联网广告收入超过200亿元，超越户外广告收入。中国主流媒介广告收入统计如图1-2所示。2012年，中国网络广告收入迅速超过420亿元，超越报纸媒体，成为中国市场上第二大广告媒介。网络广告已是各网站的主要收入来源之一。在纳斯达克上市的几家中国网络门户公司中，网络广告收入占总收入的50%以上，部分公司甚至达到70%。

近20年来，以互联网为传播媒介的网络广告已成为最热门的广告形式，越来越多的广告主在广告预算上开始向网络广告倾斜。随着互联网应用在人们日常生活中的日益渗透，网络广告这块蛋糕将会越来越大。

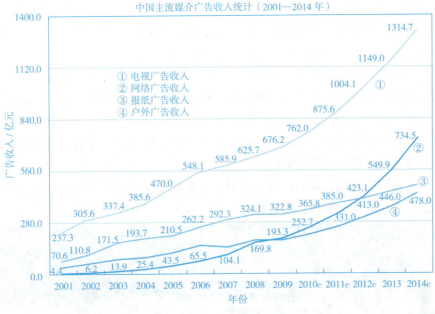

图 1-2

二、网络广告的含义

网络广告是广告的一种。简单地说，网络广告就是在网络媒体上投放的广告，如图 1-3 所示。

图 1-3

在英语中，广告称为 advertising，简称 AD。网络广告一般被称为 Net AD（Internet Advertising）。由于网络广告的盛行，大家也把 Web AD 这个词当作网络广告的代名词，在英语中称为 Network Advertising 或 Online Advertising。

一般来说，网络广告的含义可以分广义的和狭义的两种。广义的网络广告是指一切基于网络技术传播信息的过程与方法，包括公益性信息、企业的商品信息及企业自身的互联网域名、网站、网页等；狭义的网络广告是指可确认的广告主通过付费在互联网上发布的、异步传播的具有声音、文字、图像、影像和动画等多媒体元素，可供上网者观看和收听，并能进行交互式操作的商业信息的传播形式。

与一般商业广告相同，网络广告主要分企业形象广告和产品广告两大类，其根本目的是产品促销——拉动终端销售。促销类网络广告如图1-4所示。

图 1-4

网络广告作为实施现代营销媒体战略的重要部分，其兴起和发展是与互联网的迅速发展，特别是电子商务的出现紧密联系在一起的。20世纪90年代中期，国内一家电子商务运营商曾做过一次尝试：在封闭环境下提供一台联网计算机和有3000元的网上银行账户，招募10名志愿者在这一环境中生活10天，对挑战成功者给予30000元奖励。结果所有志愿者都在中途退出了挑战，理由很简单——他们在网上买不到任何东西，饿着肚子也无法生存。许多媒体报以冷嘲热讽，并说电子商务只是"看上去很美"。这种情况在网购快递满天飞的今天，是许多宅男宅女无法想象的。

电子商务的出现使传统经济贸易模式发生了深刻变化。在2012年CCTV中国经济年度人物评选颁奖盛典上，电子商务巨头马云与同台领奖的中国首富、商业地产大亨王健林互相调侃。双方约定10年后，如果电子商务在中国零售市场份额占50%，王健林将给马云一个亿，如果没有达到，马云给王健林一个亿。马云有一段精彩的发言："真正创造一万亿的不是马云，而是你今天可能不会回头看的淘宝店小二，在街上不会点头的快递员，他们正在改变今天的中国经济。"

三、网络广告的主体

与传统广告类似，网络广告的构成要素包括广告主、广告代理商、广告媒介、受众和广告信息。

（一）广告主

《中华人民共和国广告法》中定义的广告主，是指为推销商品或提供服务，自行或委托他人设计、制作、发布广告的法人、经济组织或个人。

（二）广告代理商

网络广告代理商一般需满足的条件包括：具有丰富的网站媒体资源；具有满足任何类型的客户对网站媒体选择上的灵活度；具备广告活动策划能力；拥有技术支持力量，为广告主提供优良制作和精确监控；拥有完善的后勤团队，在广告的投放过程中实现无缝隙服务；等等。

（三）广告媒介

网络广告的广告媒介就是互联网，互联网上的一个个网站页面，就是网络广告的信息载体。

（四）受众

网络广告受众包括两层含义：一是媒体广告接触的人群，即广告的一般媒体受众；二是广告主的广告目标诉求对象，即广告的目标受众。

（五）广告信息

网络广告运作本质是一种信息的传播活动，是一个信息采集、加工和传递的过程。从广告信息的表现手法上来看，网络广告可以集图文、声音、视频等元素于一体，借助多媒体技术，使广告信息图文声像并茂；从信息的容量来看，网络媒体所具有的海量存储能力使网络广告信息可以充分展示；从网络广告的传播形态来看，网络广告信息可以集发布、互动为一体，以互动为特色，构建广告信息的立体化、交互式传播格局。

四、网络广告的优势

（一）传播范围广

凭借互联网，网络广告可以将信息 24 小时不间断地传播到世界的各个角落。只要具备上网条件，任何人、在任何地点、任何时间都可以接收，而这是传统媒体广告所无法做到的。网络广告一经发布便会 24 小时循环播放，受众可以随时浏览、接收信息。

（二）具有交互性

电视、广播、印刷品或路边广告等形式的传统媒体广告，属于信息单向传播。它们必须抓住受众的视觉、听觉，将广告信息强行灌输到受众的头脑中，并试图让受众留下深刻印象；无法实现信息发送者和信息受众之间的即时互动交流，无法与受众需求反应同步。而在网络广告的传播过程中，传播者和受众对广告信息的反应具有互动性，这是网络广告最大的优势。通过链接，用户只需单击鼠标，就可以从厂商的相关网站中得到更多、更翔实的信息。用户可以通过网络直接填写、提交在线表单或电子邮件和在线聊天软件反馈或交流信息，可以在网上预订、交易和结算，缩短了广告客户和用户之间的距离，增强了网络广告的实效。交互式网络广告如图 1-5 所示。

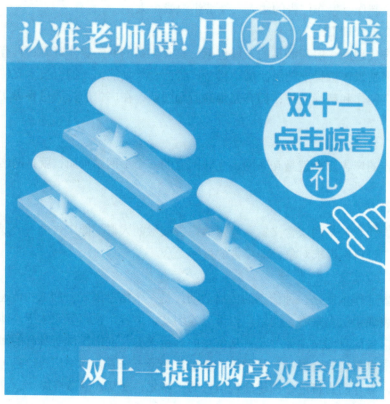

图 1-5

(三) 具有多维性

传统媒体多属于二维传播，信息传播方式单一。而网络广告是信息的多维传播，它将文字、图像、动画和声音等信息有机地组合在一起，传递多感官的信息，受众可以选择在线收听、收看、试用、调查等多种方式，能身临其境地体验产品和服务。随着计算机技术的不断发展，可以预见不久的将来，借助虚拟现实等新技术，具有触感、动感甚至嗅感的网络广告信息也会出现在生活当中，增强了网络广告的表现力和多维性。

(四) 广告效果可跟踪、统计和衡量

传统广告业有句老话："所有的广告主都知道自己一半的广告费被浪费了，但是不知道浪费在哪里了。"传统媒体广告很难准确地知道有多少人接触到某则广告信息，只能通过并不精确的收视率、发行量来估算广告的受众数量。而网络广告可以根据及时、精确的统计机制，通过浏览量、点击率等指标，权威、准确地统计出有多少受众看过某则广告，有多少人点击过某则广告，其中有多少人对发布的信息感兴趣，并且可以进一步分析这些访客的主要分布区域，以及他们主要在何时对这些广告进行了查询。这样就能方便用户对广告的发布进行跟踪和统计，即时衡量、评估广告效果，为确定下一步广告发布策略提供依据。

(五) 制作成本低，速度快，更改方便

与报纸、杂志或电视广告相比，网络广告费用较为低廉。获得同等的广告效应，网络广告的 CPM（Cost Per Mille，即每千人成本）一般是报纸的 1/5，电视的 1/8。网络广告制作成本低，制作周期短，即使时间很短，也可以根据客户的需求很快完成并即时投放。而传统媒体广告制作成本相对较高，投放周期不可临时变更和调整。在传统媒体上广告发布后很难更改，即使可以改动往往也需付出较大的经济代价。而在互联网上发布广告能够按照客户需要及时变更广告内容，包括增加新的信息、修改原有信息等，广告经营决策的变化就能及时实施。

第二节　网络广告的形式及分类

一、网络广告的主要形式

(一) 网幅广告

网幅广告是最早的网络广告形式，通常以 GIF、JPG、Flash 等文件格式创建，定位在网页中，用于表现广告内容，可使用 Java 等语言使其产生交互性，使用 Shockwave 等插件工具增强其表现力，包含 banner 式、button 式、通栏、竖边、巨幅等不同形式，网幅广告如图 1-6 所示。

图 1-6

（二）文本链接广告

文本链接广告以纯文字作为点击对象，单击后进入相应的广告页面，它是一种对浏览者干扰最少，但却效果较好的网络广告形式。文本链接广告如图 1-7 所示。

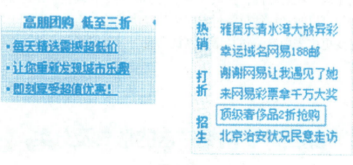

图 1-7

（三）电子邮件广告

电子邮件广告是以订阅的方式将行业及产品信息通过电子邮件提供给所需要的用户，以此与用户建立信任关系。它可以针对具体某一个人，发送特定的广告，这一点是其他网络广告方式所不能及的。电子邮件广告如图 1-8 所示。

图 1-8

(四)视频广告

视频广告直接将广告客户提供的电视广告转成网络格式,并在指定页面实现在线播放,如图 1-9 所示。

图 1-9

(五)富媒体广告

富媒体(Rich Media)广告指使用浏览器插件或其他脚本语言、Java 语言等编写的具有复杂视觉效果和交互功能的网络广告。这些效果的使用是否有效，取决于两个方面：一方面取决于站点的服务器端设置，另一方面取决于访问者的浏览器是否能查看。一般而言，富媒体广告能表现更多、更精彩的广告内容，自身通过程序语言设计就可以实现游戏、调查、竞赛等相对复杂的用户交互功能，为广告主与受众之间搭建一个沟通交流的平台。富媒体广告如图1-10所示。

图1-10

二、网络广告的一般分类

根据不同的划分标准，网络广告可以有多种分类方法。

（一）按照操作方法分类

按照受众对网络广告的操作方式划分，网络广告可分为点击式广告、展示式广告和投递式广告。

1. 点击式广告

点击式广告，是指通过点击网页上的按钮或图片进入相应页面的网络广告。例如，按钮广告、旗帜广告等都属于此类。

2. 展示式广告

展示式广告，是指广告自身只传递信息而不提供进一步交互操作页面的网络广告。展示式广告常常以一个企业的VI（视觉识别系统）形象作为广告内容主题。

3. 投递式广告

投递式广告，是网络广告的一种特殊形式，它不出现在网站的主要页面上，而是以电子邮件或信息通知的方式传递给受众，节假日也常常以贺卡的方式出现。在未经受众允许的情况下进行，有时容易引起受众的反感和抵触。

（二）根据表现形式分类

根据表现形式划分，网络广告可以分为文字广告、图片广告和动画广告。

1. 文字广告

文字广告是以超链接的文字形式出现的广告，一般放在网站和栏目的首页。

2. 图片广告

图片广告以图片作为主要形式来表现其广告内容，是普遍采用的网络广告形式。图片广告比文字广告更吸引人，文件较大。

3. 动画广告

动画广告是网络广告最主要的表现形式。随着网络条件的改善，特别是当人们对网络广告的态度从重视点击转变为重视观看之后，以矢量动画技术为基础的动画广告开始成为网络广告的主流。在计算机屏幕上，动画比图片要生动得多，也更容易吸引受众的注意。随着网络媒体技术的进步，已经可以在文件很小的情况下展现效果丰富的画面。近年流行的大屏幕广告就是以这种动画技术为基础进行制作的。动画广告如图 1–11 所示。

图 1–11

（三）根据形态特点分类

根据形态特点划分，网络广告可分为静态网幅广告、动态网幅广告和交互式网幅广告等。

1. 静态网幅广告

静态网幅广告是指网页上呈静止状态显示的图片广告，是早年网络广告常用的一种方式。其优点是制作简单，其缺点是与众多采用新技术制作的网幅广告比较，略显呆板和单调。

2. 动态网幅广告

动态网幅广告通常采用 GIF 图形格式，它将一连串图像连贯起来形成动画，是普遍采用的网络广告形式。多数动态网幅广告由 2~20 帧画面组成。通过不同的画面，可以传递给受众更多的信息，加深受众的印象，从而提高受众的点击率。动态网幅广告的特点是制作简单，尺寸较小。动态网幅广告如图 1–12 所示。

网络广告制作

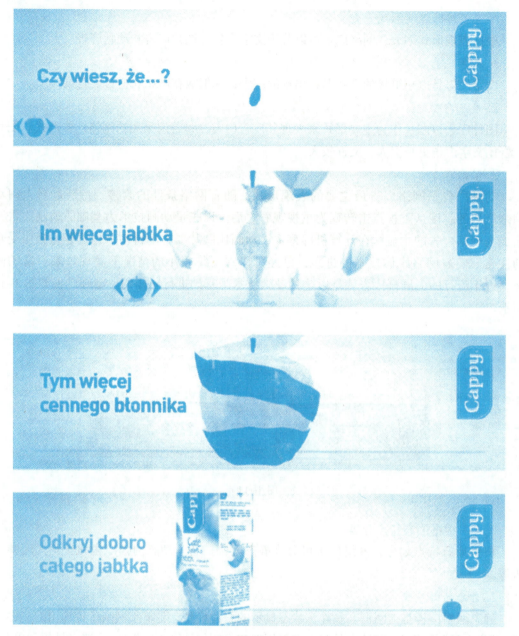

图 1-12

3. 交互式网幅广告

交互式网幅广告，形式多样，如游戏、插播式、问卷、下拉菜单、表单等。交互式网幅广告允许浏览者在广告中填入数据或通过下拉菜单和选择框进行选择。它比单纯的点击式广告包含更多的内容。其特点是广告的尺寸小、兼容性好，连接速率低的用户和使用低版本浏览器的用户也能看到。

（四）根据网络广告相对网页位置分类

根据网络广告相对网页位置划分，网络广告可以分为静态式广告、游动式广告和弹出式广告。

1. 静态式广告

静态式广告是指内嵌在网页上的固定位置的广告，它是一种传统的网络广告形式。其特点是表达方式单一，只能被动地显示，较难吸引上网者点击观看。

2. 游动式广告

游动式广告是指根据设计线路在显示屏幕游走的网络广告形式。与传统的静态式广告相比，游动式广告表现形式多样，更具主动性，能够吸引受众的注意和点击。游动式广告如图 1-13 所示。

图 1-13

3. 弹出式广告

弹出式广告是指在打开一个页面时自动弹出的一种网络广告形式。它比静态式广告更能吸引受众点击，但是它具有强迫性，而且会对受众造成干扰，频繁使用往往会使受众产生逆反心理，不宜过多采用。弹出式广告如图 1-14 所示。

（五）根据广告尺寸分类

根据广告尺寸分类，网络广告可以分为按钮式（button）广告、旗帜式（banner）广告和大屏幕广告。

1. 按钮式广告

按钮式广告是广告用户广泛接受的网络广告形式。一般不超过 100 像素 ×100 像素，因为面积小，所以在网站上的数量最多，价格也较低。按钮式广告如图 1-15 所示。

图 1-14

图 1-15

2. 旗帜式广告

旗帜式广告是普遍采用的一种网络广告形式，一般为 468 像素 × 60 像素，深受广告客户欢迎。旗帜式广告如图 1-16 所示。

3. 大屏幕广告

美国互联网广告联合会（IAB）于 2001 年 2 月公布了一系列新的在线广告规定，在这一规定中，突破了对网络广告大小的限制，大胆地推出了各种尺寸的广告，最大达到了 160 像素 × 600 像素，远远超过了传统旗帜式广告 468 像素 × 60 像素的规定。现在流行的大屏幕广告完全突破了原有的广告尺寸大小的限制，内嵌在文章里的广告几乎占了页面的 1/4 大小，而通栏广告更是横贯了整个页面，具有较强的视觉冲击力。

图 1-16

第三节 网络广告与新媒体广告

一、网络广告与新媒体广告概述

现在比较流行的一个词叫作新媒体,所谓新媒体是相对传统媒体而言的,它是一个不断变化的概念。只有媒体构成的基本要素明显有别于传统媒体,才能称得上是新媒体。否则,最多也就是在原来的基础上的变形、改进或提高。网络媒体与新媒体是现在社会信息传播中除传统媒体之外的两大重要媒体。网络广告具有传播范围极大、非强迫性传送资讯、受众数量可准确统计、强烈的交互性与感官性等优势。

二、我国网络广告的现状和前景

广告在整个网络市场营销过程中是促进商品销售的重要手段和环节。无论是在工业经济时代还是在知识经济时代,广告对企业产品销售和企业的发展都有着不可估量的作用。国际知名企业纷纷在互联网上加大宣传企业品牌的力度,投入并建立网络营销渠道。从中可反映出,网络广告的多样化表现形式和创意广告将被广告商和企业所追逐。作为新兴的"第四媒体",网络广告的出现和发展将给我国的网络市场乃至整个社会经济带来极大的变化。

不可否认的是,当前我国的网络广告还处于起步阶段,面临着许多困难,外部条件与内部条件都需要进一步成熟。网络广告的外部条件包括:互联网络硬件技术的进一步建设需要加强。公众对互联网络的熟悉、技术掌握程度与电脑的普及程度都有待提高;公众对于上网费用还未到普遍接受的程度;等等。网络广告的内部条件包括:网络广告的管理法规尚未完善;网络广告制作、维护公司整体素质不一、水准良莠不齐等问题需继续解决。这些问题,在一定程度上制约着网络广告的迅速发展。

纵然目前我国网络广告还存在诸多不足与困难,但其无可比拟的优越性将使它不断地成熟,并发挥巨大作用。始于20世纪末的信息产业革命改变着世界经济的格局,网络广告在这次浪潮中对市场和经济的发展产生着深远的影响。

第四节 网络广告的制作流程

网络广告的制作流程应根据网络媒体及网络受众具体特性来进行。总体来说,分为以下几个步骤。

步骤一：图画和文字的输入

主题图——广告的中心图画，用于展现广告的首要内容，如商品或者服务。主题图通常还具有吸引受众眼球、赢得受众留意的作用。

文字——文字是一则广告的首要组成部分，当主题图把受众吸引过来以后，就需要文字迅速有效地向受众传达广告内容。文字的方式、案牍等都会影响广告宗旨的传达。商业商品广告特别是网络广告很少有不需要文字的状况。

步骤二：图形制造和图画处理

经过电脑制作的矢量图形通常都要转为规范图画格局用于页面规划。Photoshop 以其强大的图片处理功用见长，且具有很强的兼容性，支持多种图画格局。

步骤三：页面动画的制造

网络广告表现方式的发展速度令人吃惊，并且潜力无限，之前网上还充满着静态的网幅广告，如今的网幅广告却以动态的居多了。页面动画技能的引入，使网络广告变得异常生动。

步骤四：影像及声响的输入和修改

数字影像输入的最佳办法是用数字摄像机，然后直接存入电脑的硬盘备用。声响需经过声卡输入。当然，一些传统的影音素材都可以经过专门的硬件设备进行格局变换，输入电脑。

步骤五：完成各广告要素及不一样的文件、页面间的连接

最终的过程是完成各广告要素及不一样的文件、页面间的连接，为 WWW 供给 HTML 文档。HTML 文档创建者在文档中嵌套指向其他任何文件的链接指令。当用户点击鼠标激活这些嵌套的链接时，就可以直接跳转到该链接所指的文件。

知识回顾

网络广告的含义可以分广义的和狭义的两种。广义的网络广告是指一切基于网络技术传播信息的过程与方法，包括公益性信息、企业的商品信息及企业自身的互联网域名、网站、网页等；狭义的网络广告是指可确认的广告主通过付费在互联网上发布的、异步传播的具有声音、文字、图像、影像和动画等多媒体元素、可供上网者观看和收听，并能进行交互式操作的商业信息的传播形式。

本章主要介绍了网络广告的产生和兴起、基本概念及主要构成要素，网络广告的主体和网络广告的优势，网络广告的主要形式、一般分类和制作流程。网络广告有互动性强的独有特色，相对于新媒体广告，其优劣势都十分明显，且具有巨大的发展潜力。通过本章的学习，学生可以对网络广告形成一个初步的感性认知。

课后练习

1.如何理解网络广告的概念？

2. 谈谈你对网络广告发展前景的看法。

3. 在互联网上，你会发现有众多的家用汽车广告，而很少发现家庭日常用品广告，试分析其原因。

4. 在国内外的网站上认真点击一些网络广告，体验网络广告的特点和优势。

5. 利用搜索引擎，以"网络广告"为关键词，搜索一些有关网络广告的文章进行阅读。

2019 年网络广告发展现状和未来趋势分析

一、需求驱动，网络广告收入规模持续增加

中国互联网信息中心公布的数据显示，截至 2019 年上半年，我国网民规模达 8.54 亿人，较 2018 年年底增加 2598 万人，互联网普及率达 61.2%。其中，手机网民规模达 8.47 亿人，占网民规模的 99.1%。在网民规模及手机网民规模的高普及率发展的推动下，各行业的发展依托互联网技术，聚焦网络广告的推广。iRsearch 公布的数据显示，2014—2018 年我国网络广告市场规模不断增加，截至 2018 年达到 4843.1 亿元，同比增加 21.52%。从单个季度看，其第四季度规模最高，为 1493.2 亿元。2019 年上半年，我国网络广告市场规模达到 2592.1 亿元，增速呈上升趋势。

2014—2019 年中国网络广告市场规模及增速变动

（资料来源：前瞻产业研究院整理）

二、多板块助力，电商网络广告业务能力最强

从网络广告的细分领域来看，其主要包括电商广告、信息流广告、搜索广告、品牌图形广告、视频贴片广告等几个重要领域。随着网上购物消费习惯的转变，电商广告成为其

主要的细分领域，截至 2019 年上半年，电商广告收入占比为 35.05%，信息流广告和搜索广告收入占比分别为 28.40% 和 16.35%，比较之下，占比也较大。其余细分领域收入占比均低于 10%。

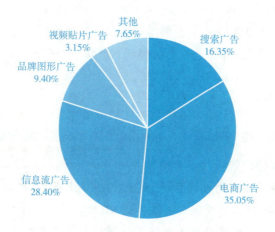

2019 年上半年网络广告细分领域市场份额占比

（资料来源：iRsearch 前瞻产业研究院整理）

2018 年，我国电商广告实现了 1607.91 亿元的广告收入，占网络广告收入总规模的 33.20%；2019 年上半年，电商广告收入达到 908.53 亿元，占比较上一年有所提升，达到 35.05%。

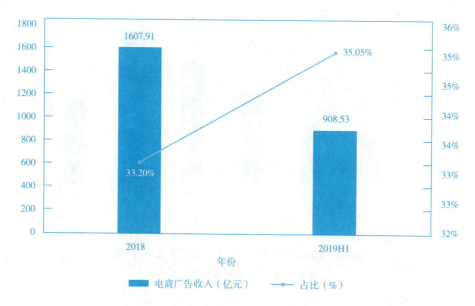

2018—2019 年上半年电商广告收入规模及占比

（资料来源：前瞻产业研究院整理）

三、多企业竞争，阿里巴巴广告收入遥遥领先

从企业发展现状来看，以阿里巴巴、百度、腾讯为代表的互联网企业，以美团为代表的外卖平台等纷纷布局广告市场，加速其在网络广告领域的竞争地位。各企业公布的数据显示，2019年上半年，阿里巴巴广告收入遥遥领先，达到720.73亿元；百度广告收入排名第二，为368.94亿元，与阿里巴巴有近一倍的差距。腾讯和京东两大企业在2019年上半年的广告收入分别为298.09亿元和192.21亿元，其余企业广告收入均低于百亿元，但是仍是公司的重要收入来源。

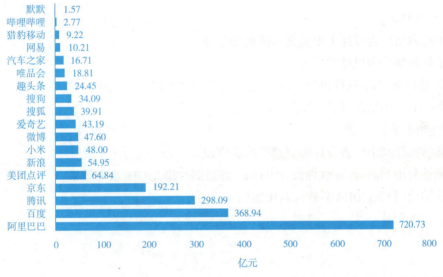

注：搜狐、搜狗、微博、新浪四个企业初始统计数据为美元，按照2019年上半年人民币对美元汇率最高中间价1美元=6.6850元折算。

2019年上半年代表性企业广告营收统计

（资料来源：前瞻产业研究院整理）

四、2019年"双十一"，电商广告将继续发力

2019年进入十月，已经到了每年"双十一"购物狂欢节的备战阶段。天猫"双十一"每年成交额的大幅增长离不开前期电商广告的精准推广和营销。

网络广告设计基础

【知识目标】
1. 了解网络广告设计中中英文字体间的差异。
2. 了解网络广告设计的原则。
3. 掌握 Photoshop 软件设计 Banner 静态图片集及 GIF 动态效果的方法。
4. 掌握 CorelDRAW 软件功能和排版方法。

【技能目标】
1. 能够按照网络广告设计需要遵循的原则设计广告。
2. 能够利用 Photoshop 软件设计 Banner 静态图片集及 GIF 动态效果。
3. 能够使用 CorelDRAW 软件制作版面。

【知识导图】

第一节 网络广告设计基础概述

视觉形象表现为互动广告的视觉感受，包括色调运用、画面构成、文字编排和动画设计等。视觉形象的美与丑、好与差，直接影响着产品广告思想的准确表达。它需要与产品本身的气质和特点相匹配，并且给受众留下一个美的外部形象。

声语言由语言和声音两种要素构成，以流动的语言声音或音乐声音传达思想和情感，配合视觉形象的节奏和气质，直接诉诸受众的听觉器官。它要求直接、准确地烘托出互动广告作品的节奏和气氛。

动态画面指的是 GIF 动画、SWF 动画、3D 动画以及数字视频等可以呈现动态效果的画面形式，这些动态画面通常是网络广告表现的主体。

互动形式是互动广告作品的灵魂，也是互动广告区别于平面广告和视频广告的关键点。

一、字体

Banner 本身的形状：形状决定了其固定的构成方式，一般为矩形、横幅、左右结构和居中。

Banner 的文字特点：主题式，一般分为主标题和副标题，文字较多。此外，设计的时候还需要考虑应用到网站各种尺寸推广图上的可读延伸性。

关于字体的设计可以采用以下要点来改善 Banner。对于文字，常常听到与客户的对话是："字要大！""啊？还要大？已经很大了！"然后很无奈地拉大一点。众所周知，大几个像素没有意义。但仔细想想，客户想要的真的只是那么一丁点儿的追求么？毕竟他们不是设计师，不懂得如何表达自己的想法，而唯一可以让他们觉得显眼的方式只有大小的区别而已。或许是因为字不够显眼、字的处理太普通、背景太抢眼之类的意思，或许应该理解为"字要显眼一点"。Banner 上的文字一般占据了整个 Banner 的 70% 的区域，而实际图像所占区域不到 30%。往往很多的设计师更专注于那 30% 的图像设计，忽视了最重要的 70% 的文字区域，最后只用系统字草草拼凑了之。试问这样一个 Banner 的设计合理吗？尤其当主题被延伸应用到小尺寸推广图的时候，只剩下放文字的区域时，这个推广图算是彻底失败了。

（一）中文汉字与英文字母的区别

字母是一种纯粹发音符号，每个字母本身并没有实际意义，单词的意义来自这些字母之间的横向串式组合。而汉字的组字方式以象形为原始基础，也就是每个字都具有特别的意义，一个简单的字在远古时代就代表了一个复杂的生活场景，因而它也是世界上最形象的文字。两者之间的阅读方式和解读方式都有本质的不同。因此，汉字的编排方式不能照搬英文的编排方式，它们两者之间在编排上有一些客观的区别，如图 2-1 所示。下面从中、英文字体的结构分析二者的区别：

（1）同样字号的实际大小不同。英文都是字母，字母的构成结构非常简单，屏幕最小可视像素为 6 像素（代表字体：04 字体）。汉字因结构复杂，屏幕最小可视像素为 10 像素（MS 明朝/MS UI Gothic）和 11 像素（新细明体/PMingLiU）。

（2）英文的整体编排容易成段、成篇，视觉效果比较自由活泼，有强烈的不连续的线条感，容易产生节奏感和韵律感。中文整体编排容易成句、成行，视觉效果更接近一个个规则的几何点和条块。其不容易产生动感的最主要的原因是整个结构是闭合的，笔画张力的总和趋于零。

（3）英文本身更容易成为一个设计主体。英文的篇幅普遍比相同意义的汉字的篇幅要多，而且因为英文单词的字母数量不一样，在编排时，对齐左边，右边就会产生自然的、不规则的错落，这在中文编排时是不太可能出现的，中文编排每个段是一个完整的"块"，很难产生这种错落感。

（4）英文的结构有大小不同的形状，在字形设计上不可能排列在同一条直线上，如"g、j、p、q、y"等字母对齐下方的沉降线，而"b、d、f、h、k、l"字母对齐顶线，其他字母才对齐上中线和下脚线；然而，英文编排时自然产生的错落其实并不是西方设计师所期望的，他们在细排文字对齐上花大量的时间来调整字距、词距、行距、段前距、段后距等，使得段落更趋向于几何形态。

图 2-1

广告并不便宜，要确保最重要的广告文字信息被受众第一时间读到，使用无衬线字体（sans serif）如黑体，如图 2-2 所示；字体类型用加粗（Black）或加重（Bold）不要用细线（light），如图 2-3 所示；避免用下面那行中的小衬线字体（Serif），如图 2-4 所示；衬线字体在 Banner 上很有可读性，如图 2-5 所示。除非按图 2-6 所示这样设计，那就另当别论了，当然这种情况不常见。

使用无衬线字体（Sans Serif）

图 2-2

字体类型用**加粗**（Black）或**加重**（Bold），不要用细线（light）

图 2-3

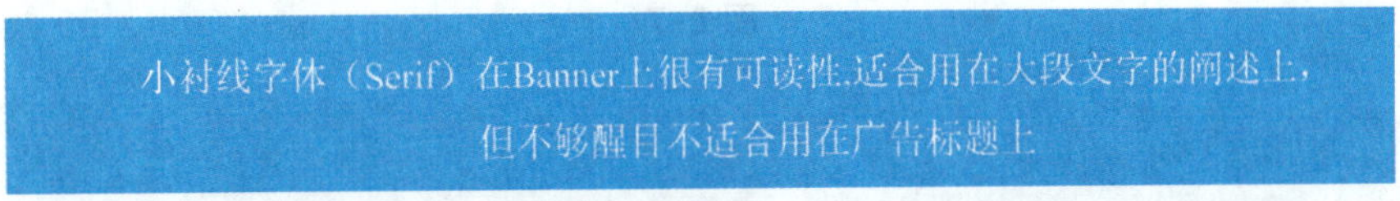

小衬线字体（Serif）在Banner上很有可读性,适合用在大段文字的阐述上，但不够醒目不适合用在广告标题上

图 2-4

除非右边这种情况……

图 2-5

无衬线字体是更好的选择，因为它具有简单的字形，这使它更快地显示在 Web 广告中。如图 2-6 所示，左边的无衬线字体比右边的更清晰。当然在网页的大段文字中应更好地使用无衬线字体。它的外形对我们来说更自然，让长时间的浏览变得更轻松。但我们现在要考虑的不是这个。

图 2-6

很多职业广告设计师选择衬线字体，这是有风险的。广告中使用衬线字体能给特定的目标群体非常好的感觉，这就是为什么设计师们选择它的原因。但在表达可读性上不值得推荐。建议在 Banner 上用加粗无衬线字体（Bold Sans Serif）。

(二)文字的间距

文字之间细微间距的调整能产生不一样的视觉感受。如图2-7所示,小号字体如果间距也小的话,会使得用户浏览信息变得非常困难,下面这张同样的字号字体间距大了,如图2-8所示,用户浏览起来更轻松。但需要注意的是,在实践中,使用过小的文字,仍不太恰当。越小的文字需要越大的间距来提高它们的可读性。同样大小的字体,间距调大了,阅读起来也就更轻松。对于大字号的文字,应当这样做:大字号的字体要粗壮扁平,减小其文字的间距。

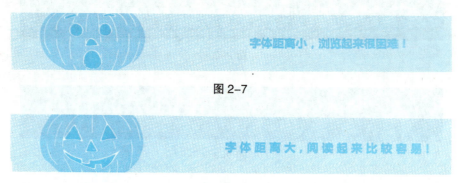

图2-7

图2-8

(三)文字的数量和复杂性

文字一定要言简意赅,千万不要放一些没用的东西,否则容易"赶走"户。也就是说,吸引注意力很重要。但是如果Banner上全都是吸引点,那么它将只会被注意,而不会被点击,反之越简单、明确则越有点击率。

复杂型Banner的优点:看上去很酷!所以可能会得到点击!

复杂型Banner的缺点:可能不被浏览,杂乱而难以被正确看到,下载时间长。

468像素×60像素大小并不是一个大的空间。可以找一些好的来对照。如图2-9、图2-10所示的两个广告条,哪个更能吸引用户的注意力?答案很明显,图2-10那个背景单纯,只有中间几个字,简洁明了,这就是对比。

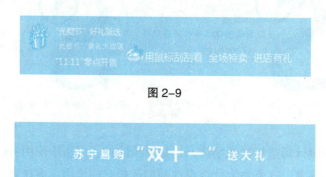

图2-9

图2-10

（四）较长文字的处理

当要用一个长句子，而这个长句子不适合广告条时该怎么办？这样做并不令人讨厌，但人们不喜欢读这样的长句。当用户浏览时，是懒惰的，如果要用一个长句，那么在排版上应该让它变得令人喜欢。如图2-11、图2-12所示，哪个广告条更有吸引力？当设计一个广告条时，应该假设自己在和一个用户对话，就是他而且仅有他，而不是整个互联网用户。

图 2-11

图 2-12

二、正确设计信息浏览方向

让广告更有效地被浏览，首先要了解用户的浏览习惯。大多数用户在浏览网页的时候都是从上到下、从左到右地浏览。为了使 Banner 更容易地被用户浏览，我们应该顺应用户的浏览习惯，在设计的时候要让用户从一个方向按顺序往下看，由主到次、由先到后地浏览各层信息。

注意：不要让用户无所适从，焦点到处都是。

如图 2-13（a）所示，不要让文字排列成，从一个方向浏览不是说就是把信息安排成直线式，也可以是活泼多变的文字流。如图 2-13（b）~（d）所示，阶梯式和波浪式排列仍是从左向右的顺序，但形式更加灵活、有序、不呆板。

如果要设置用户点击的按钮，那么最好将按钮放在右边，因为这样让用户的视线从左到右，会更快、更有效地让广告信息被用户浏览到，不要认为用户会在看广告条内容（左）前点击按钮（右），如图 2-13（e）所示。

三、加入图片"3B"原则

广告信息要能为人们所接受，一个重要的前提就是必须具有视觉冲击力。加入图片是增强视觉吸引力的有效手段，图片往往比文字更适合阅读，而"3B"原则可以让你的 Banner 更有吸引力。其中，"3B"是 baby、beauty、beast 的缩写，是指运用婴儿（baby）、美女（beauty）、动物（beast）这三个引人注目的形象进行广告传播，可以起到事半功倍的效果，具有良好的点题和烘托画面的作用。Banner 要引人注意，就要把图片素材放在 Banner 的左边，这是让广告更有效地被用户从一个方向浏览的有效手段。选择图片时用女性的比用男性的更有吸引力这一点，则抓住了用户视线的第一焦点，然后用户会随着它看过去，所以图片应该放在左边。可爱的婴儿和动物都是人们所喜爱的视觉形象，运用好这些能让广告信息更好地被传递，如图 2-14~ 图 2-16 所示。

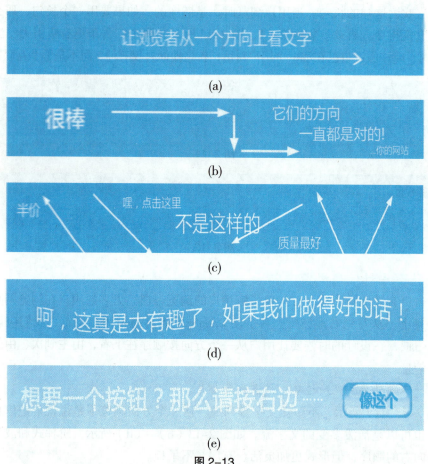

图 2-13

图 2-14

图 2-15

图 2-16

面孔的局部图片对女性浏览者更有效,如图 2-17 所示。如果浏览者不是一个电脑设计狂,那么就应该会把目光转移到女性的面部图片上。这种方法在美容、保健和化妆类的网站用得上。

如图 2-17 (c) 所示,尽可能修整图片,这样 Banner 将会下载得更快。这一点相当重要且有价值,值得花时间去做。可以用 Photoshop 软件中的"钢笔工具"进行修整,去掉背景上不必要的东西,广告条的面积将会减小很多。

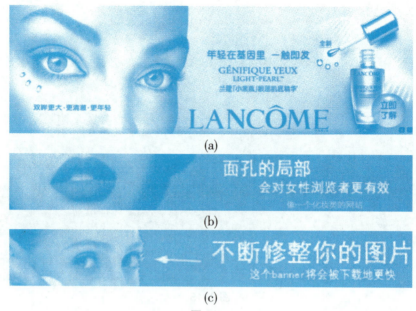

图 2-17

四、避开广告条的边缘

文字紧靠边缘的广告条看起来让人觉得很不专业，可以在设计中按一定的方法避免这一点。广告条的边缘是一个使内容与边缘保持适当距离的区域。

文字的旁边要留有一定的空间，这样能使它们更明显。但要避免广告条的每一个角都有文字。不要以为这样做会使它们很分散，应该逐个地调整它们，让浏览者更好地理解。

适当的留空不只是大型设计的需要，广告条也同样需要它来使效果更佳。让图形和文字呼吸，创意就具有生命力。有很多设计有效地利用留空的方法，达到了理想的效果。只要试着去做，就会找到更适合企业或产品的创意方法，如图 2-18 所示。

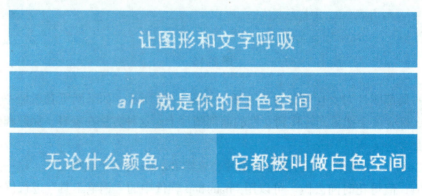

图 2-18

五、压缩文件大小

需要注意的是，广告条必须要能很快地被下载。

迅速下载绝佳的选择是只用一种颜色的背景，这也有利于形成强烈对比。当用单一颜色背景和使用纯文本时，可以使用 Photoshop 或 Image Ready 对其进行最优化。如图 2-19 所示，将 Lossy（损耗）设为 15 和 50，去掉 Dither（抖动），文件将变小很多。只使用这些设置，能使下面的 Banner 减小 999B。通常在抖动的 Banner 中添加 Effects（效果），使其看起来更漂亮，但它在不同环境下显示并不一样，这是因为它的细节问题，所以它并没有什么实用性。Effects 不仅缺少实用性，还让文件变得很大。3D Bevel 和 Glows 看起来很酷，建议把它们用在网页的其他地方，而不是广告条上。

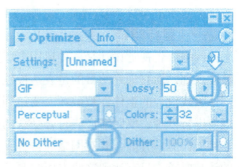

图 2-19

如图 2-20 所示，Drop Shadows（阴影效果）需要抖动图片才能真正看到效果，因为它包含了不同的阴影色。那就必须加大颜色数，这样会让图片变大。

注意： 应尽可能避免使用 Drop Shadows。

图 2-20

第二节 网络广告构成设计

网络广告是传统大众媒体在视觉设计上的传承与发展，对于网络广告艺术设计者来说，网络广告是艺术与技术的结合，除了要掌握一定的设计技巧和设计规律之外，还要掌握一定的设计原则。网络广告视觉设计原则包括如下几方面。

一、目标明确，主题鲜明

网络广告视觉设计是一种运用多媒体技术的艺术设计，它应该与网站设计一起被列入整体规划，而它最终的目的是表达最佳主题诉求，因此要避免因网络广告布局凌乱而导致网站版式设计的整体性被破坏。要达到这个要求，应注意两个方面：一方面，要运用设计规律进行处理，使网络广告符合受众的逻辑思维方式和视觉心理需求，让网民迅速地理解和接受；另一方面，要对网络广告各设计要素进行整合设计，突出主题，明确受众对广告的认知要求。只有达到这两方面的要求，才能达到网络广告视觉设计的最佳诉求。

二、形式与内容统一

一个优秀的网络广告视觉设计必定是广告形式与内容的完美结合，是视觉设计的一切设计要素的总和。网络广告视觉设计的内容是指广告的主题、表现形式、题材等各要素之间的组合，形式是指网络广告的风格、结构或设计语言等的表现形式。一方面，网络广告视觉所追求的形式美，必须适合主题；另一方面，要保证每个设计要素与表现内容的和谐统一。如图 2-21 所示，SUGAR 网站，整个设计形式简约、画面精美，无一不和品牌理念相吻合。

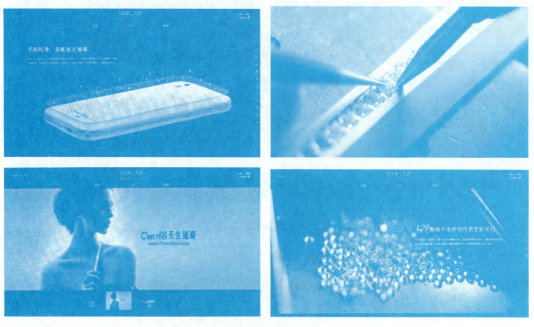

图 2-21

只有充分考虑网络广告视觉设计各个因素才能提升广告效果并体现美感，最终实现网络广告形式与内容的统一。

三、强调整体

网络广告的整体性强调的是内容和形式上的整体性。网络广告所传播的信息表达了一定的主题与内容，在特定的、适当的时间和空间条件下被人们所理解和接受，它以满足人们的实用性需求为目标；设计时强调其整体性，可以使受众更快捷、更准确、更全面地认识和熟悉它，只有内部有机联系、外部和谐完整才能使广告画面在丰富中体现和谐之美，得到受众的关注。具体可以从如下几点来着手。

（一）正常平衡

正常平衡也称"匀称"，多指左右、上下对称形式，主要强调秩序，此种布局能达到安定、诚实、可信赖的效果。如图 2-22 所示，阿迪达斯运动鞋网站采用均衡的构成法则达到正常平衡的画面效果。如图 2-23 所示，新百伦网站的画面则是在变化中求得平衡。

图 2-22

图 2-23

（二）异常平衡

异常平衡，即非对称形式，但强调平衡和韵律，当然都是不匀称的，此种布局能达到强调性、不安性、高注目性的效果。如图2-24~图2-26所示，画面均通过异常平衡的构图给画面带来个性和视觉的冲击，给人很强烈的张力和运动感。

图2-24

图2-25

图 2-26

（三）对比

所谓对比，是指利用色彩、色调等技巧表现出来，在内容上也可涉及古与今、新与旧、贫与富等对比，如图 2-27、图 2-28 所示。

图 2-27

图 2-28

(四)聚拢

所谓聚拢,是指利用页面中的人物视线,使受众仿照跟随的心理,以达到注视页面的效果,一般多用人物凝视状,如图 2-29、图 2-30 所示。

图 2-29

图 2-30

（五）散点

散点和凝视构图正好相反，是指利用分散的图形文字自由组合并构成画面，没有固定的格式，在视觉上给人轻松的效果，如图 2-31~图 2-34 所示。

图 2-31

图 2-32

图 2-33

图 2-34

(六) 留白

留白源自中国传统的绘画技艺，根据中国传统的审美观念，一幅图画当中将所有的意向表达出来并不是最上乘的绘画方式，而采用留白的办法留出部分空白，不仅能够增强绘画的韵味，而且能够提升绘画的品质。而网络广告设计当中，有很多也采用了传统绘画当中的留白技巧，并且产生了很好的效果。

留白有两个作用：一是显示出网站的突出特点，二是提高网页的品位。这种表现方法有效地提升了广告的格调，如图 2-35、图 2-36 所示。

图 2-35

网络广告制作

图 2-36

第三节　Photoshop 制作广告

一、Photoshop 软件的主要功能

Photoshop 软件是 Adobe 公司旗下非常出名的图像处理软件之一，从功能上来看，该软件可分为图像编辑、图像合成、校色调色和特效制作等。

1. 图像编辑

图像编辑是图像处理的基础，既可以对图像做各种变换，如放大、缩小、旋转、倾斜、镜像、透视等；也可进行复制、去除斑点、修补或修饰图像的残损等；在人像处理制作中图像编辑有非常大的用途，可去除人像上不满意的部分，进行美化加工，得到令人非常满意的效果。Photoshop 软件是静态网络广告制作必不可少的软件。图 2-37 为 Photoshop 软件制作的 Banner 广告。

2. 图像合成

图像合成是指将几幅图像通过图层操作、工具应用合成完整的、传达明确意义的图像，这是美术设计的必经之路。Photoshop 软件提供的绘图工具能让外来图像与创意很好地融合，使图像合成天衣无缝。

图 2-37

3. 校色调色

校色调色是软件中强大的功能之一，既可方便快捷地对图像的颜色进行明暗、色偏的调整和校正，也可在不同颜色之间进行切换，以满足图像在不同领域（如网页设计、印刷、多媒体等方面）的应用，如图 2-38 所示。

图 2-38

4. 特效制作

特效制作在软件中主要由滤镜、通道及工具综合应用完成,包括图像的特效创意和特效字的制作。油画、浮雕、石膏画、素描等常用的传统美术技巧都可借由软件特效完成制作。而各种特效字的制作更是很多美术设计师热衷于 Photoshop 软件的原因。

二、Photoshop 制作 Banner

用 Photoshop 软件制作静态 Banner 的步骤如下。

1. 绘制背景

(1)新建一个文档,尺寸是 500 像素 × 300 像素,白色背景(图 2-39)。

图 2-39

(2)选择圆角矩形工具,圆角半径设为 5 像素,在画布中画出一个圆角矩形,填充绿色(#6d9ele);新建图层 1,将刚才的矩形复制到该层(图 2-40)。

图 2-40

（3）双击"图层"面板中图层 1 的缩略图，弹出"图层样式"对话框（图 2-41），设置渐变叠加及参数。

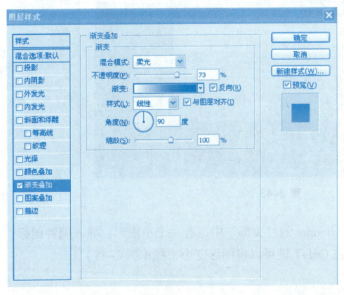

图 2-41

（4）单击"确定"按钮即可完成效果图，如图 2-42 所示。

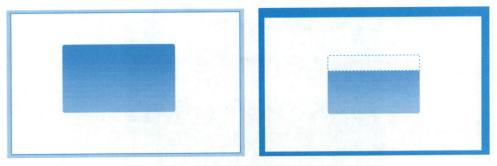

图 2-42

2. 制作头部

（1）开始创建 Banner 的"头部"。按住 Ctrl 键用鼠标左键单击图层缩略图，载入图层选区；单击"矩形选框工具"，削减掉下面一部分选区（按住 Alt 键进行拖拽即可）。在选取的区域上单击鼠标右键，选择"新建图层"命令，并将此图层重命名为"Banner"。将选区部分填充为白色，如图 2-43 所示。

（2）按 Ctrl+D 键去掉选区。改变该图层的图层渲染模式为叠加，透明度设置为 20%（图 2-44）。

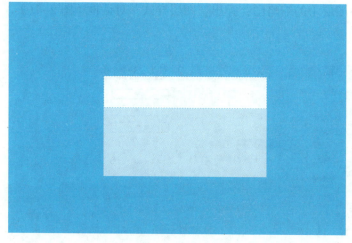

图 2-43　　　　　　　　　　　　　　图 2-44

（3）在制作 Banner 的"头部"中，有一个小图形，导入闹钟图标；打开图片，把它拷贝到文件中，按 Ctrl+T 键可以将图形变小一些（图 2-45）。

图 2-45

（4）用"锐化工具"稍微让图形清晰一些，然后调整颜色（图 2-46）。

图 2-46

（5）用"文字工具"写下 Banner "头部"的标题。在这里，选用的字体是 Comicsams MS，白色，如图 2-47 所示。根据自己的喜好，还可以选择其他的字体。打开"图层样式"对话框，设置投影及参数，如图 2-48 所示。

图 2-47

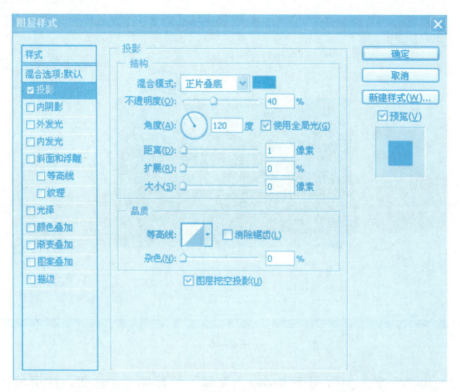

图 2-48

3. 添加形状工具用以装饰画面

（1）完成 Banner 的"头部"后，如果想要给 Banner 添加更多的设计元素，可以选择用户自定义形状，选择 Photoshop 软件中自带的一个形状，如图 2-49 所示。

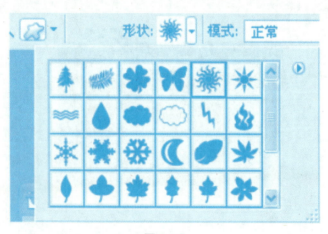

图 2-49

（2）在 Banner 上面添加两个白色的形状（图 2-50）。

图 2-50

（3）合并两个形状到一个图层中。现在把 Banner 外面的形状删掉。如何操作呢？具体操作：按 Ctrl 键，单击形状的那个图层缩略图，载入选区；然后按 Ctrl+Shift+I 键将选区反选，按 Delete 键即可将不需要的部分删除了（图 2-51）。

图 2-51

(4)按 Ctrl+D 键取消选区。设置形状图层的渲染模式为柔光,透明度为 20%,添加更多的文字(图 2-52)。

图 2-52

(5)现在把 Banner 的"头部"处理干净,删除"头部"的图形。利用"矩形选框工具"可以进行这个操作,如图 2-53 所示。

图 2-53

(6)利用"文字工具"添加更多文字,如图 2-54 所示。

图 2-54

(7)下面可以设置一个按钮,利用"圆角矩形工具",圆角半径为 2 像素,拖拽一个颜色为绿色(#69990d)的圆角矩形(图 2-55)。

图 2-55

（8）在按钮上添加一些文字。至此，整个制图步骤就完成了（图2-56）。

图 2-56

三、Photoshop 制作 GIF 动态效果

用 Photoshop 制作 GIF 动态效果的步骤如下：

（1）打开 Photoshop 软件，新建一个文件，大小自定，背景为白色，如图 2-57 所示。

图 2-57

（2）选择"椭圆工具"，在画布中间画一个圆形，选择"移动工具"调整圆形的位置，并命名该图层为"椭圆 1"，如图 2-58 所示。

图 2-58

（3）双击"椭圆 1"图层，弹出"图层样式"对话框，单击"渐变叠加"复选框；设置参数时，混合模式选择"正常"，不透明度设为"100%"；单击"渐变"后面的条形框，弹出"渐变编辑器"对话框，如图 2-59 所示。

图 2-59

（4）选择中间位置渐变色块左下角的滑块，如图2-60所示。

图2-60

（5）单击"颜色"后面的色块，弹出"拾色器（色标颜色）"对话框，在"#"后面的文本框中输入"ffe689"（图2-61），单击"确定"按钮。

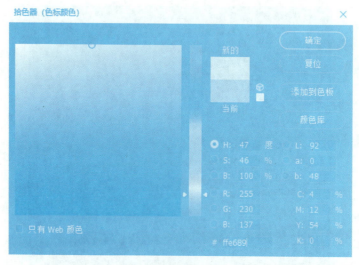

图2-61

（6）在"渐变编辑器"对话框中，选择中间位置渐变色块右下角的滑块，如图2-62所示。

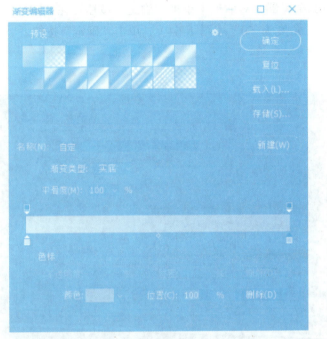

图 2-62

（7）单击"颜色"后面的色块，弹出"拾色器（色标颜色）"对话框，在"#"后面的文本框中输入"fa8b00"（图 2-63），单击"确定"按钮。

图 2-63

(8)在"渐变编辑器"对话框中单击"确定"按钮;在"图层样式"对话框中,设置样式为"角度",角度为"0"(图2-64),单击"确定"按钮。

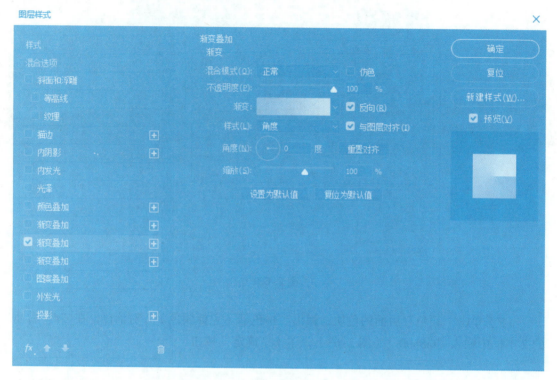

图2-64

(9)在"时间轴"面板中选择"创建视频时间轴",如图2-65所示。

图2-65

(10)单击"创建视频时间轴",在"时间轴"面板中拖动时间线滑块到01:00处,执行"编辑"—"变换"—"旋转180度"命令,如图2-66所示。再把时间线滑块滑动到02:00处,执行同样的旋转命令。

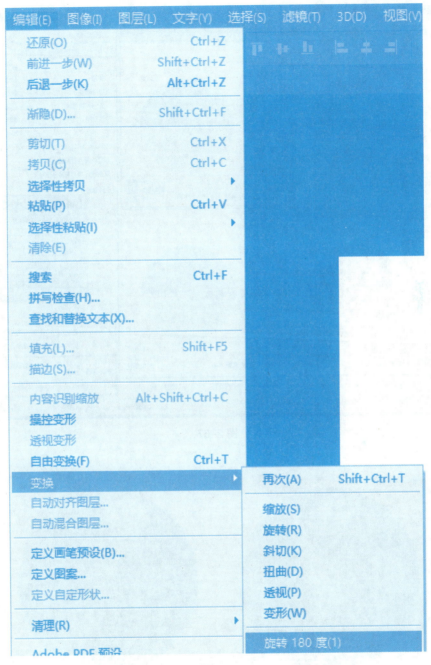

图 2-66

（11）执行"文件"—"导出"—"存储为 Web 所用格式（旧版）"命令，保存文件，如图 2-67 所示。最终效果如图 2-68 所示。

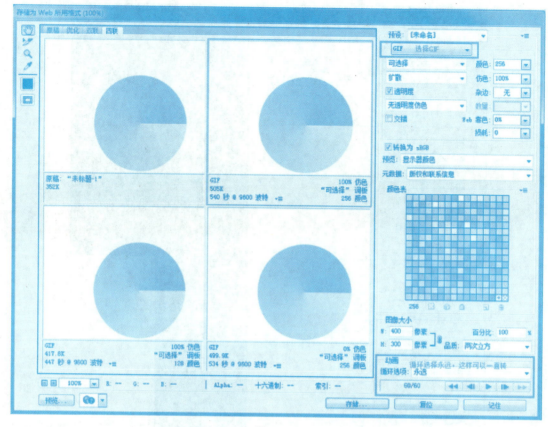

图 2-67

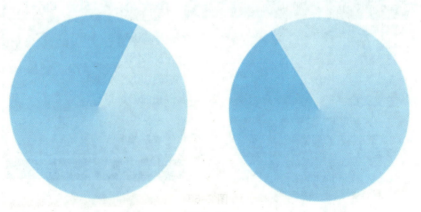

图 2-68

第四节 CorelDRAW 排版

一、CorelDRAW 软件简介

（一）CorelDRAW 软件概述

CorelDRAW Graphics Suite 是加拿大 Corel 公司的平面设计软件，该软件是 Corel 公司出品的矢量图形制作工具软件，这个图形工具给设计师提供了矢量动画、页面设计、网站制作、位图编辑和网页动画等多种功能。

该软件包括两个绘图应用程序：一个用于矢量图及页面设计，一个用于图像编辑。这套绘图软件组合带给用户强大的交互式工具，使用户可创作出多种富于动感的特殊效果及点阵图像即时效果，在简单的操作中就可得到实现——而不会丢失当前的工作。通过 CorelDRAW 全方位的设计及网页功能可以融合到用户现有的设计方案中，灵活性十足。

（二）CorelDRAW 软件功能详解

CorelDRAW 的支持应用程序，除了 CorelDRAW（矢量与版式）和 CorelPHOTO-PAINT（图像与美工）两个主程序之外，还包括以下极具价值的应用程序和整合式服务：

（1）CorelPowerTRACE：强大的位图转矢量图程序。

（2）CorelCAPTURE：单键操作的抓取工具程序，抓取高质量的专业计算机画面影像和其他内容。

（3）BitstreamFontNavigator：这项字形管理员适用于 Windows 操作系统，可让使用者管理、寻找、安装和预览字形。

（4）条形码精灵：产生符合各业界标准格式的条形码。

（5）输出中心描述文件制作程序：描述文件制作程序可协助用户进行专业打印。

（6）双面打印精灵：这个精灵有助于将打印双面文件的作业最佳化。

CorelDRAW 是基于矢量图的软件，它的功能可大致分为绘图与排版两大类。

该软件的特点包括：界面设计友好，操作精微细致；提供给设计者一整套绘图工具，包括圆形、矩形、多边形、方格、螺旋线，并配合塑形工具，对各种基本图形做出更多的变化，如圆角矩形、弧、扇形、星形等；提供了特殊笔刷（如压力笔、书写笔、喷洒器等），以便用户充分地利用电脑处理信息量大、随机控制能力高。

为便于设计，该软件提供了一整套图形精确定位和变形控制方案，这给商标、标志等需要准确尺寸的设计带来了极大的便利。

颜色是美术设计的视觉传达重点。该软件的实色填充提供了各种模式的调色方案以及专色的应用、渐变、位图、底纹填充，颜色变化与操作方式更是其他软件所不能及的；而

且该软件的颜色匹配管理方案让显示、打印和印刷达到颜色的一致。

该软件的文字处理与图像的输出与输入构成了排版功能;文字处理是迄今为止所有软件中非常优秀的;它支持大部分图像格式的输入与输出;几乎与其他软件可畅行无阻地交换共享文件。所以,大部分用PC机做美术设计的人都直接在CorelDRAW中排版,然后分色输出。

该软件让使用者轻松地应对创意图形设计项目:市场领先的文件兼容性以及高质量的内容可帮助使用者将创意变为专业作品;从与众不同的徽标和标志到引人注目的营销材料以及令人赏心悦目的Web图形,应有尽有。

(三)CorelDRAW软件工作环境介绍

1.CorelDRAW软件的操作界面

启动CorelDRAW后出现的界面(图2-69),即CorelDRAW的操作界面,包括标题栏、菜单栏、工具栏、属性栏、工具箱、色盘和标尺等。

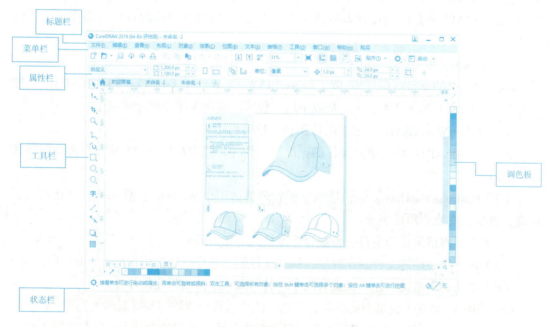

图2-69

(1)标题栏:显示应用程序的名称。

(2)菜单栏:使用菜单可以执行CotrlDRAW的许多命令。

(3)工具栏:一些常用的工具。

(4)属性栏:根据选择物体的不同,会发生相应变化,可以对选择的物体做出一些修改(工具的选项)。

(5)工具箱:集中绘图中和修改图形绝大部分命令,单击图标右下角的"小三角"按钮,可以打开内嵌工具，并可以将其游离出来，成为独立的一个小工具栏。

（6）色盘：用于对物体进行填充颜色。

（7）标尺：用于定位光标、添加辅助线以帮助作图。

2.CorelDraw 页面操作

（1）改名。

①在要改名的页面标签上单击鼠标右键，选择"更名页面"选项，输入名称。

②选中要改名的页面，单击"版面""更名页面"选项，输入名称。

（2）精确定位页面。

在"版面/到页"输入框中输入要转到的页码。

（3）删除页面。

①在要删除的页标签上单击鼠标右键。

②选中要删除的页面/版面，单击"删除页面"按钮。

（4）换切页面方向。

①在页面标签上单击鼠标右键，切换页面方向。

②单击"版面/切换页面方向"按钮。

注意：如果在页面外有图形，则此图形不属于任何一页，在该文件的任何一页中都会显示出来，只有将图形移动到页面内，才能打印出来，该图形则属于此页，在其他页面则显示不出来。

（5）为页面添加背景。

单击"工具"—"选项"—"文件"—"页"—"背景"选项，选择纯色或点阵图即可。

3.CorelDRAW 的基本工具

（1）矩形工具。

"矩形工具"用于来绘制矩形、正方形、圆角矩形。

操作方法：①选择"矩形工具"，在页面中拖动鼠标；②按 Ctrl 键绘制矩形；③按 Shift 键以起点为中心绘制。

注意：双击"矩形工具"，产生一个与页面大小相同的矩形。

"矩形工具"的属性栏包括对象位置（x, y）、对象大小、缩放因素、旋转角度、镜像和矩形边角圆滑度。

（2）椭圆工具。

"椭圆工具"可以绘制出椭圆、圆、饼形和圆弧。

操作方法：①选择"圆形工具"，在页面中拖动鼠标，即可画出任意圆形；②按 Ctrl 键绘制正圆；③按 Shift 键以起点为中心绘制。

注意：用鼠标长按椭圆工作，可选择"三点椭圆工具"（"三点椭圆工具"可以画出比较精确的椭圆或者圆）。

"椭圆工具"的属性栏包括对象位置（x, y）、对象大小、缩放因素、旋转角度以及

椭圆形、饼形、弧形、饼形和弧形的起始角度。

（3）多边形工具。

多边形的子工具有多边形、星形、复杂星形、图纸、螺纹。

注意： 图纸和表格工具的区别。图纸工具画出的是矩形组，打散后是矩形。表格工具画出的是网格，转为曲线后打散是线条。

（4）基本形状工具。

"基本形状工具"提供各种现成的常用基本形状（如箭头、标注形状、流程图等）。

（5）文字工具。

"文字工具"用于输入文字，对文字格式进行设置，如字体、字号等。

（6）形状工具。

"形状工具"主要对已有的图形进行更复杂修改。"形状工具"包括"节点编辑工具""粗糙笔刷工具""变换工具""涂抹工具"。

①节点编辑工具。"节点编辑工具"可以更改所有曲线对象的形状。曲线对象是指"手绘工具""贝塞尔工具""艺术笔工具""螺旋工具"创建的所有绘图对象，以及那些由矩形多边形或文本对象转换而成的"曲线工具"对象。"节点编辑工具"对这些曲线对象形状的改变是通过对所有曲线对象的节点和线段编辑实现的。节点是指所有图像对象和线条对象的路径存在，可以通过它们的移动改变形状控制点。

②粗糙笔刷工具。"粗糙笔刷工具"只用于曲线对象，如直线、曲线、文本等。用户可以自己设置笔刷的大小、方向、角度等数值。

③变换工具。"变换工具"可以定位、移动和旋转对象，也可以改变对象形状。

④涂抹工具。"涂抹工具"类似 Photoshop 软件中的"涂抹工具"但它只作用于曲线，沿着对象边缘拖动是指变形。（用得不多）

（7）裁剪工具。

"裁剪工具"包括"括裁切工具""刻刀工具""橡皮擦工具""虚拟段删除工具"。

①裁切工具。针对一个图形对象，先选中要裁剪的对象，再用"裁切工具"拉一个矩形，这个矩形所包括的图形部分就是用户所要的，矩形以外的部分将被减掉，在矩形框中双击则确定操作。裁剪框的大小可以通过控制点调整大小。（如果复杂的裁剪可以结合排列菜单的造型命令来使用）

②刻刀工具。"刻刀工具"又叫作美工刀，可以将图形对象切分为一个或者多个，刻刀工具应用的所有对象将变为曲线工具。

③橡皮擦工具。可以擦除对象多余部分，如果在擦除的过程中影响了对象的路径，"擦除工具"会自动做出调整。所有使用了"擦除工具"的对象将转变为"曲线工具"。

④虚拟段删除工具。删除对象中不用的部分（把不想要的线段去掉）。

（8）缩放工具。

"缩放工具"在绘制对象时可以通过放大或缩小来观察对象【快捷键：F3 键（缩小），

F2 键放大】。放大、缩小也可以使用鼠标的滚轮来实现。如果想放大或缩小某一部分可以把鼠标放在想要放大的地方滚动滚轮即可放大或缩小。

（9）手绘组合工具。

"手绘组合工具"是指使用鼠标在绘制页面上直接绘制直线或曲线的一种工具。"手绘组合工具"包括"手绘工具""贝塞尔工具""艺术笔工具""钢笔工具""折线工具""三点曲线工具""连接器工具""度量工具"。

①手绘工具。使用"手绘工具"就像使用一支真正的铅笔，它可以根据用户操作鼠标的轨迹勾画出路径。使用"手绘工具"可以绘制直线或曲线。但因为不易控制利用率低。

②贝塞尔工具。"贝赛尔工具"是创建完美图形常用的工具之一。用户在使用"贝塞尔工具"的时候，先在绘制页面中单击确定路径的起始点，然后在要放置第二个点的位置单击并拖动，可看到节点的两侧控制点在移动，两个控制点以与节点相反的方向移动。控制点与节点之间的距离决定了绘制线段的高度和深度，控制点的角度则控制曲线的斜率，通过依次单击鼠标放置节点，使控制柄改变曲线的曲率。

③艺术笔工具："艺术笔工具"包括预设、笔刷、喷罐、书法和压力等属性。

④钢笔工具：类似"贝塞尔工具"，它们的区别在于"贝塞尔工具"可控制性强，以节点为基础生成路径，适合绝大多数图形绘制；"钢笔工具"能画出曲线、直线，如果想画一段曲线，然后画直线，这样就要用"钢笔工具"了。"钢笔工具"在绘画中末点只能重合到起点，与非起点不能重合。

⑤折线工具。可以自由地绘制折线，比较适合有棱角的图。

⑥三点曲线工具。允许用户定义起始点、结束点和中心点来绘制曲线。

⑦连接器工具。绘制两个矩形，用户可以通过该对象在两个及多个图形对象之间建立一条交互式的连接线。这条连接线即使我们移动对象也会连接在两个图形之间，不会打断。

⑧度量工具。"度量工具"就像现实中的直尺，用于测量高度、宽度、倾斜度。操作方法：点击线的一端，再点另一端后，双击就会得到想要的尺寸。

（10）智能填充组合工具。

智能填充组合工具包括智能填充、智能绘图。

①智能填充。允许用户在两个对象重合的地方建立新的对象并填充颜色，在填充中它可以自动识别圆形、矩形、箭头、平行四边形等图形。

②智能绘图。用户可以通过手绘绘制闭合的图形，该工具会根据用户画的图自动识别，变得平滑。

（11）填充工具和交互式工具。

①填充工具。填充工具包括"单色填充工具""渐变填充工具""图形填充工具""底纹填充工具""postscript填充"。

②交互式组合工具。"交互式组合工具"包括"交互式调和工具""交互式阴影工具""交互式封套工具""交互式透明工具"。

（12）造型。

造型包括焊接、修剪、相交、简化、移除后面对象、移除前面对象。

（13）图框精确剪裁。

将一个图形放置于另外一个图形中，称为图形精确剪裁。

二、广告版面编排步骤

步骤一：启动 CorelDRAW 程序。

在 CorelDRAW 界面中新建一个页面，根据设计，新建立一个竖向的版面，并把广告图形导入页面中，如图 2-70 所示。

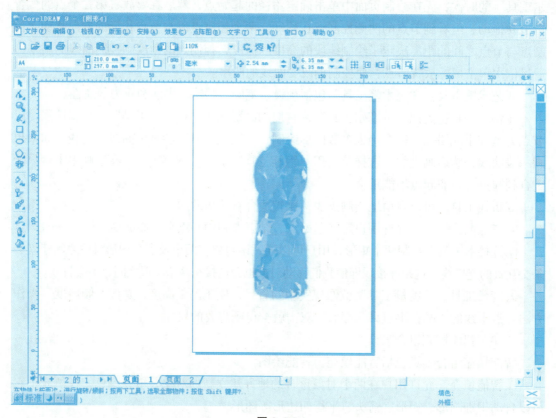

图 2-70

步骤二：元素导入。

把产品形象图片、品牌标识图片等广告元素也导入页面中，如图 2-71 所示。

步骤三：插入广告语。

把广告语"活得多漂亮"输入版面中，同时把所有的广告元素放进版面中，如图 2-72 所示。

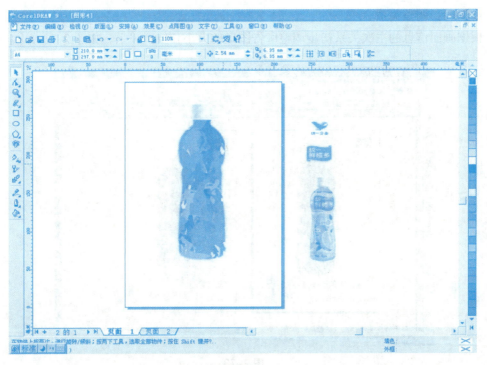

图 2-71

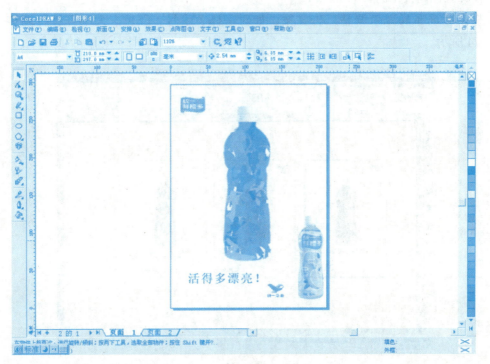

图 2-72

步骤四：调整关系。

根据画面信息的主次关系初步调整广告图形的大小和位置关系，如图 2-73 所示。

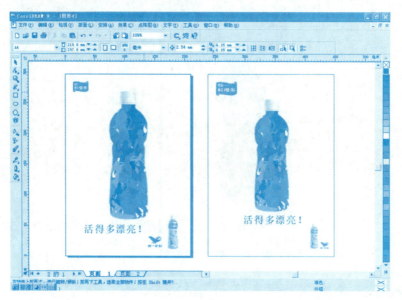

图 2-73

步骤五：调整比例。

根据版面布局效果调整广告文案，如对字体、字号、颜色、大小等进行调整，如图 2-74 所示。

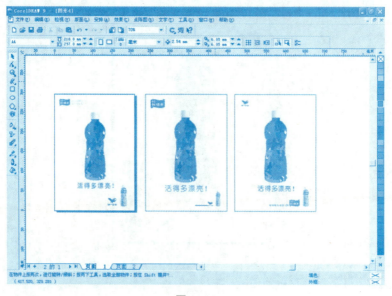

图 2-74

步骤六：调整色彩。

根据版面效果调整图底之间的关系，重点在色彩和深浅关系上的调整，如图 2-75 所示。

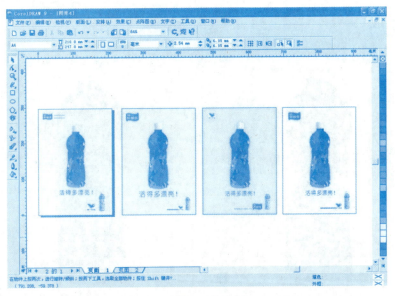

图 2-75

步骤七：选择效果。

经过比较，可以看出最后一个版面的效果比较好，因此选择这个版面做进一步的调整，如图 2-76 所示。

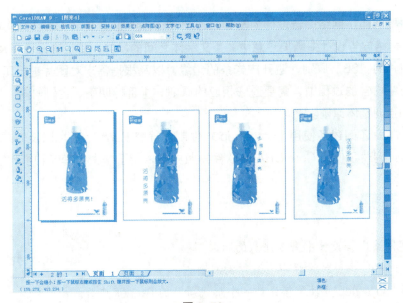

图 2-76

步骤八：完成定稿。

经过调整，确定最终版面，完成本例的广告画面，如图 2-77 所示。

图 2-77

知识回顾

本章主要阐述了网络广告设计的基础原理及 Photoshop 软件和 CorelDRAW 软件的使用，指出了网络广告设计中需要注意中、英文字体之间的差异，要正确设计信息浏览方向，遵守加入图片的"3B"原则，避开广告条的边缘，以及根据需求对图片进行压缩处理。

设计网络广告的过程中，需要遵守相应的原则：①目标明确，主题鲜明；②形式与内容统一；③强调整体原则。

此外，本章还阐述了使用 Photoshop 软件制作静态 Banner 图片以及 Gif 动态效果的方法和步骤；阐述了使用 CorelDRAW 软件排版方法，便于学生的学习和操作。

课后练习

1. 简述网络广告设计中需要注意的问题。
2. 简述网络广告设计过程中应遵循的原则。
3. 使用 Photoshop 软件重新设计一个形式新颖的 Banner 广告。

4. 以同样主题设计一个 GIF 动态效果的 Banner 广告。

 拓展阅读

现代网络广告视觉传达设计研究

随着网络信息化技术的快速发展，利用网络特点推广广告信息逐渐成为现代企业进行宣传营销的主要手段。对于现代网络广告进行视觉传达设计的效果研究，有助于创造出一种更加愉快的视觉环境，有利于推动网络广告行业的快速发展。在网络技术快速发展、互联网逐步普及的背景下，开展关于现代网络广告视觉传达设计研究具有重要的现实意义。

一、网络广告及视觉传达设计

网络广告是指利用国际互联网这种载体，通过图文或多媒体方式，发布的营利性商业广告，是在网络上发布的有偿信息传播。而视觉传达设计则是以一种以视觉媒介为载体，向大众传播信息和情感的造型活动。视觉传达设计包括的范围很广，在包含各种平面设计的同时，也涵盖了网络、视频等新型传播媒体，通过对版面、文字、色彩等要素的加工、设计、创新，传达给受众。

视觉传达设计的主要特征体现在三个方面：视觉上的竞争性、传达者和观众之间的互动性、视觉传达形式的全球化。在网络广告中运用视觉传达设计，不仅可以增强广告的展示效果，提升广告内容的传达率，更能够实现传达者与观众之间的更好互动。下面将主要从主题、版面、文字、色彩四个方面入手，对现代网络广告视觉传达设计要素展开详细的分析。

二、现代网络广告视觉传达设计要素研究

成功的网络广告必须是版面、文字、色彩等多要素的合理组合，通过强烈的视觉表现力实现主题目的，给受众带来全方位的震撼。

（一）主题元素

网络广告的成功必须以主题目标的实现为标准，而准确地向受众表达主题思想离不开对新颖和创意的不断追求。通过标新立异的方式展示出创造性的视觉语言，更能让人们特别关注，从而准确地实现广告主题。在网络广告视觉传达设计中，确定设计的主题内容是第一步，也是最后一步，后续文字元素、版面元素以及色彩元素等的应用始终是围绕主题内容进行的。因此，主题元素是网络广告视觉传达设计的关键所在。

（二）文字元素

文字因其独特的表现力而在现代网络广告中具有不可替代的重要性。网络广告的信息往往需要一定文字的说明才显得更加饱满，其不同的视觉表现形式，如图形文字的方式给受众带来不同的情感传达。在网络广告中，文字的视觉形式一般有两种形式，分别是图形文字和文本文字。以央视的公益广告《家，有爱就有责任》为例，其对英文 family 进行了图形化的处理，并赋予每个字母不同的含义，但所有字母最终都是构成同一个"家"。此

外，应当遵循版式和受众阅读规律，强调网络广告中文字的语义传达作用。

（三）版面元素

成功的版面设计可以清晰地传达主体思想，更加方便人们阅读与参与。一方面，要针对网络广告信息传达对象的特点，有针对性地对容易引起受众关注的视觉元素进行合理的安排；另一方面，在版式设计中要合理地控制图片和文字的比例，重要文字以醒目字体或颜色显示。同时，依据主体内容调整网络广告中的文字和图片比例，保证网页版面的和谐。

由于网络广告的独特性与灵活性，在版式设计方面也呈现出多样化的特征，丰富的版面形式要特别注意视觉流程的合理引导，做到自始至终抓住人们的视线，在增强人们对广告信息关注度的同时强化理解力，更好地传递广告信息。

（四）色彩元素

色彩运用是否恰到好处将直接关系到网络广告的成败。色彩具备强烈的表现力，它可以深刻地影响人们的情绪。同时，不同色彩之间的合理搭配可以创造出符合广告内容主题的完美艺术效果。色彩元素在网络广告中的有效使用将有助于大大提高受众的视觉冲击力，唤起受众的情感共鸣。例如，蓝色调的汽车展区将会给人以凸显高科技和现代的感觉；红色的室内布置则给人以热情、兴奋的情感暗示。不同颜色间和谐的搭配设计，将使得广告效果达到事半功倍的效果。因此，设计者必须正确认识不同颜色的内在含义、关系和规律，以便在网络广告设计中灵活运用。

三、结语

随着社会的快速发展与网络信息技术的不断更新，网络广告与视觉传达设计不可避免地会发生碰撞，使得网络广告迎来了快速发展的春天。网络广告作为一种新型的广告形式，已然成为人们网络生活中的一部分。对于现代网络广告中的视觉传达设计进行研究，有助于更好地完善网络广告配置，创造出一种更加愉快的视觉环境，对于推动网络广告业的快速发展具有重要意义。

网络广告创意设计

【知识目标】
1. 了解网络广告创意设计的原则和一般策略。
2. 了解设计元素的具体运用。
3. 了解网络广告创意设计的表现方法。

【技能目标】
1. 能够按照现代网络广告创意设计的原则进行广告创意。
2. 能够熟练地运用每个设计元素进行广告设计。

【知识导图】

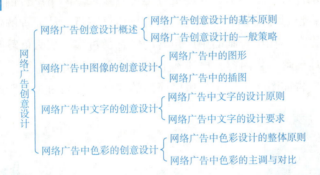

第一节　网络广告创意设计概述

　　中国网络的发展速度是惊人的,在之前的十几年间一直保持着相对稳定的高速增长态势。网民数量也在逐年持续增长,很多企业已经注意到互联网可以广泛传播产品和企业的优势,是市场潜力最大的广告投资方向。广告的目的就是为企业和产品树立形象,使受众产生印象,引起受众的购买兴趣,建立顾客对企业和产品的品牌忠诚度和信誉度。一则优秀的网络广告在企业、产品的选择中起着举重若轻的作用。

一、网络广告创意设计的基本原则

　　广告的基本功能是传递信息,只有将广告信息清晰、有效、准确地传递,才能完成广告的使命。网络广告创意首先需要关注的是如何吸引受众的注意力，也就是围绕广告主题，如何通过颜色、图像、声音等信息的有机组合诱导受众关注广告且接收广告信息。网络广告创意一般应遵循以下原则。

（一）原创性原则

原创性原则是指在广告创意中尽量做到不抄袭、不因循守旧，给受众以新颖的广告信息和信息传递方式。网络广告是争夺眼球、争夺注意力的艺术，原创性原则是广告创意人员必须坚持的第一原则。随着社会经济的发展，广告已经成为人们生活的一个基本的组成部分，每个人都置身于广告的信息海洋中。要在众多的广告中脱颖而出，凸显广告个性，达到最佳效果，就必须赋予网络广告独一无二的原创性。

在广告设计过程中既要反对保守和墨守成规，又必须准确地表达广告的主题和内涵，否则就失去了广告的基本作用，达不到广告应有的传递信息的功能。

（二）简洁性原则

简洁性原则是指不仅要在广告画面或表现形式上做到重点突出、主次分明，而且要在简单中表达关键思想。

网络广告中的信息只有尽可能简单化，才更容易被广告受众理解和接受。只有简洁的网络广告才能更好地体现主题诉求，才能更好地传达效果。网络广告创意要达到的目标是让受众在接收到广告信息后能较为容易地对其进行信息解析，从而理解信息。如果网络广告的信息表述过于繁杂，在广告画面中所包含的信息量过多，那么就算受众注意到广告，也不能及时、准确地理解广告内容，更谈不上促成受众的购买行为了。

通信设备网络广告如图 3-1 所示，风格简洁的网络广告如图 3-2 所示。

图 3-1

图 3-2

（三）文化适应性原则

不同的国家和地区、不同的民族、不同的受教育程度等因素都会造成广告受众不同的文化背景。中国的网络广告文化注重人情味和体现传统文化的东方价值观，注重群体对产品的精神需要，较为忽视个体的物质和精神需要的满足。西方国家网络广告文化则侧重于个体和个性的发挥，强调自由的氛围和冒险超越的境界，强调人性、个性的文化特征，表现为塑造个性、张扬自我、追求个人自由、凸现个人价值为特征的西方网络广告文化特点。在网络广告创意中，应考虑所面对的广告受众具有怎样的文化背景，只有与受众的文化背景相适应，与其接受程度、兴趣爱好相匹配的网络广告创意才能成为受欢迎的广告。

（四）互动性原则

网络广告创意要注重利用互联网本身的媒介特性，即交互性和实时性。电视、报纸、杂志等媒体大多数时候是单向传播信息，网络广告的独特之处就在于其互动性。网络广告的互动是实时、多次和持续的互动，可以实现人性化双向互动交流，能直接和受众进行互动。互联网使受众和主更加有效地进行沟通和交流。如何充分发挥互联网的双向互动通信优势、利用计算机终端的丰富表现形式是对网络广告创意的巨大挑战，也给了网络广告创意很大的空间。

图 3-3 为运动鞋广告，用鼠标拖拽画面上的一根鞋带可以出现一双运动鞋，形象地说明了运动鞋的轻便。

图 3-3

（五）思想性原则

无创新的广告，不足以吸引人；无思想的广告，不足以感染人。优秀的网络广告，必须要耐人回味、发人深省。只有这样的网络广告才能给受众留下难以磨灭的印象。只有具有思想性的网络广告才能展现广告对象的文化内涵和核心理念。网络广告的思想性原则体现在广告创意追求上，网络广告的创意目标不仅是推销产品和服务，而且应该通过健康的审美观、新颖有趣的表现手法、高尚的格调来引导受众理性消费，追求积极健康的生活方式。国内网络宣传广告如图 3-4 所示。

图 3-4

（六）艺术性原则

网络广告创意是将图像、声音、文字、色彩、版面、图形等元素按照一定的目的和意图进行组合设计的活动，艺术性是创意活动过程中的魔术师，常常起到点石成金、化腐朽为神奇的作用。网络广告创意首先要有绝妙的立意和构思，其次要有实现这个创意的艺术创作。无论是静态的还是动态的广告，都应具有艺术美感的造型、独特的构图、和谐而鲜明的色彩等元素。若用绘画，就运用各种美术类别的表现形式和丰富多样的表现技法；若用摄影，可采用迥然不同的光影效果以设计千变万化的别致造型。夸张对比、巧妙变形、形态重叠、重复组合、移花接木、隐形构成、淡出淡入等，都是经常使用的艺术手法，其目的是在瞬间改变人们正常的感觉习惯，感染、打动每一位受众，艺术性地突出广告对象的核心价值。体现艺术性原则的广告如图 3-5 所示。

图 3-5

二、网络广告创意的一般策略

(一) 广告诉求为先

网络广告创意由两部分信息组成,即广告诉求和广告表现。广告诉求是指广告需要传达的内容、需要达到怎样的目的、希望达到的效果等,以强化产品的独特卖点,提高品牌形象,促进产品的销售等。广告表现是指通过各种辅助手段和形式把需要表达的广告诉求有效地表达出来。对于广告创意,通常是仁者见仁、智者见智,很难用固定的标准去评价,但是不管采用什么形式的网络广告创意,表现手法永远都是为广告诉求服务的。

(二) 目标对象为本

每一个产品都应该有其市场定位。其中,目标对象的定位是不可或缺的。直接影响网络广告创意的重要因素如下。

1. 目标对象的人文、心理特征

目标对象的人文、心理特征通常运用在网络广告创意基础分析中,如主要目标对象的性别、年龄层次及教育背景等因素决定目标对象的社会架构和消费能力,对选择适合的广告创意虚拟环境和故事架构起着关键的作用。网络广告创意从广告环境入手,容易得到目标对象的认同。

2. 目标对象的心理运动、消费行为

从某种程度上来讲,广告创意人更像是一个优秀的心理医生,通过对目标对象的分析了解目标对象的心理活动轨迹,引导目标对象的心理活动,从而有效地促进其消费行为。图 3-6 所示为化妆品网络广告。

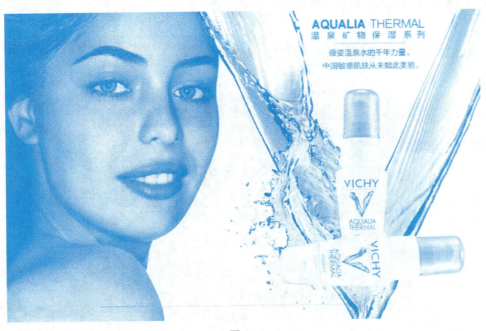

图 3-6

3. 产品特点为准

一般而言，当想不出好的创意点子的时候，保守创意比另类创意更有效。直接把产品品牌、产品特征等广告基础素材拿来表现不失为可行之道。虽然平实，但是能吸引对该产品关心度较高的目标对象。好的网络广告创意应该是不露痕迹地结合产品内在特征和附加创意的作品。在产品特点的表现方式上，需要注意的是，必须简单明了地告知目标人群需知的产品特点。目标人群看广告是手段而不是目的，只是将其作为购买决策的参考。在多数情况下，目标人群只是被动地接受广告信息，越是容易被感官快速接收的内容也越容易被人们进一步思考和认可。

4. 互动操作为辅

网络广告的互动性体现在三个方面：一是给受众感受和反馈的机会；二是为特定的目标受众量身定做个性化的信息；三是让受众参与信息发布与传播。模拟现实使用过程的网络广告更容易让受众接受，并且会产生更好的投放效果。通过聆听受众的回应，从而获得大量受众的个人信息，结合网络广告的网上监测机制所提供的数据、网络浏览路径、点击后行为等分析，可勾勒出较清晰的个别受众特征，将这些个人信息汇集成资料库，使得个性化的"一对一"的传播成为可能。受众对此更容易产生了解欲望，而后转告好友或有共同爱好的一些人。在这个过程中，受众的角色也从信息接收者转变为信息的发布或传播者，在广告效果成几何倍数放大的同时，最大限度地降低了广告成本。互动网络广告不仅看重画面、布局这些最基本的视觉构成元素，更注重可以参与体验的交互性，它解放了受众的感官，将自由选择的权利归还给受众，并且可以产生互动关联信息，形成一个受众个体之间与广告主之间的交叉式信息互联网络。互动网络广告如图3-7所示。

图 3-7

第二节　网络广告中图像的创意设计

从视觉角度来讲，图像比文字的表达更为直观。一张好的图片设计能够在第一时间吸引受众。网络广告的图像类型主要包括商标、图形、插图、照片等。网络广告需要简洁、概括、通俗的图像语言为受众提供正确而印象深刻的视觉信号。借助图像的形象引导，使得受众集中注意力，完成从兴趣到联想，再到购买行动的一系列过程。图像整体信息要明确，避免信息误导，一切能分散受众注意的装饰、色彩、图像等，要大胆删减，否则只会降低受众的视觉注意力，达不到广告传播信息的最终目的，从而失去图像本身的作用。

网络广告中的图像运用如图 3-8 所示。

图 3-8

一、网络广告中的图形

网络广告设计与其他视觉艺术设计相比有很大的不同之处,人们在网络广告前停留的时间往往很短暂,这就要求网络广告的图形要在几秒钟的时间内,准确地把广告的主题信息传播出去,要让图形充分地担当无声推销员的角色,让受众在无须过多解释的情况下对产品产生兴趣和关注。

图形比文字语言给人的感觉更亲切,比文字语言更容易在短时间内传达广告的信息内容。网络广告中的图形往往都起着展示产品、表现功能、强调特点的作用,利用图形对比可以让受众清楚地了解产品的外观、用途、使用方法。尽量用图片解说是网络广告乃至整个广告业运用已久的技巧。图3-9所示为网络广告中的图形。

图 3-9

二、网络广告中的插图

网络广告的插图包括绘画、摄影、图案、表格等形式,在多数网络广告中占据着重要的页面和较大的版面位置。插图设计属于视觉设计的一个特殊领域。插图视觉化、形象化地对文字语言进行独特化、个性化的表现,它赋予文字语言个性的艺术创造力,表现为可见的艺术形象,比文字更能给人以生动鲜明的印象,是世界通用的语言。

网络广告中的插图作品首先要将受众的注意力吸引到画面效果中来,再把产品的信息通过图画的形式让受众结合文字去理解,更生动、鲜明地解释整个创意的主题。

网络广告中的插图如图3-10所示,网络广告中的主题图片如图3-11所示。

第三章　网络广告创意设计

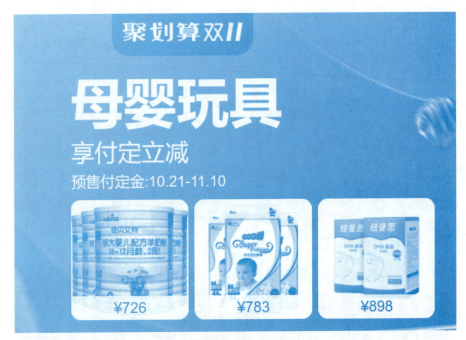

图 3-10

图 3-11

第三节　网络广告中文字的创意设计

网络广告的文字信息要精简、简约，广告的诉求点不要太多。受众的记忆力是有限的，网络广告最好将最简单、最有助于受众记忆的诉求点展示出来，把产品和企业的卖点植入受众的心里，无须过多的文字和图像。

网络广告的文字创意设计如图 3-12 所示，网络招聘的广告语如图 3-13 所示。

图 3-12

图 3-13

一、网络广告中文字的设计原则

文字是网络广告中主要的信息传达载体，文字设计要注重视觉的舒适度，要考虑计算机显示器的屏幕因素，注意受众的阅读习惯。在网络广告创意设计中，合理设计文字的视觉动向和艺术风格，做到与设计主题的整体协调，使受众在阅览广告时产生视觉上的美感。

（一）文字字体风格的统一

在进行文字创意设计时必须对字体做出统一的形态规范，这是字体设计最重要的准则。文字在组合时，只有在字的外部形态上具有了鲜明的统一感，才能在视觉传达上保证字体的可认性和注目度，从而清晰、准确地表达文字的含义。例如，在字体设计时对笔画的装饰变化必须以统一的变化来处理，不能使一组字中每个字的笔画变化都不同、各自为政，否则必将破坏文字的整体美感，让人感觉杂乱无章，不成体系，这样就难以收到良好的传达效果。网络广告中文字风格的统一，如图 3-14 所示。

图 3-14

（二）文字字体方向的统一

文字字体方向的统一在字体设计中有两层含义：一是指字体自身的斜笔画处理。每个字的斜笔画都要处理成统一的斜度，不论是向左还是向右斜的笔画都要以一定的倾斜度来统一，以加强其统一的整体感。二是为了造成一组字体的动感，往往将一组字体进行统一有方向性的斜置处理。在做这种设计时，一是要使一组字中的每一个字都按同一方向倾斜，以形成流畅的线条；二是对每个字中的副笔画处理时，也要尽可能使其斜度一致，这样才能在变化中保持统一，增强其整体的统一感，而不至于因变化不统一，显得零乱而松散，缺乏均齐统一的美感，难以产生良好的视觉吸引力。网络广告中文字方向的统一如图 3-15 所示。

图 3-15

（三）文字字体与主题定位的统一

正确的设计定位是设计好字体的第一步，它来自对其相关资料的收集与分析。当设计某一字体时，应先考虑字体要传递何种信息内容，给受众以何种印象，设计定位是为了传递信息还是增加趣味性，或者两者兼有；在何处展示和使用，寻找适当的设计载体、合适的形态、大小和恰当的表现手段；什么是设计切入点，创造的文字表现方式是否正确，是否表达清楚；表现内容是严肃的还是幽默的；信息是否有先后次序；是否需要编辑；等等。

网络广告中文字与主题定位的统一如图 3-16 所示。

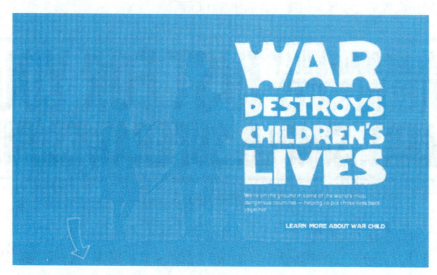

图 3-16

（四）文字的粗细及大小决定效果

细体文字很难造成有精神的印象。相反，粗体文字也不能体现出时髦的、纤细的主张。一般来说，粗体文字是自信的表现，能体现活力、男性的力量等；细体文字是时髦的表现，能体现女性的优雅和纤细等。但是，这些表现过度则起到相反效果。

大字体现精神活力。公司名、人名放大，给人有精神、有力量的印象。扩大广告的公司名，也能提高受众的信赖感。但是，如果过大，就会起到反作用。相反，缩小公司名，则给人高品质的、纤细的印象。在进行版面设计之前，首先应该决定要传达的内容和信息，选择适合这个内容的字体是很重要的。内容和表现样式一致，就会给人安定的感觉，使人能安心地接受这个信息。网络广告中文字粗细大小的表现如图 3-17 所示。

图 3-17

二、网络广告中文字的设计要求

（一）文字要精简，不宜过多

由于各网站对广告尺寸有一定限制，而且网络媒体也不适合长时间阅读，简洁、生动的广告文案才会有较高的关注率。网上可供选择的广告位置有限，受众的眼睛很难一直盯着屏幕看，句子越短越好，一般一个句子十来个字，最多不超过20个字，太长了就会让受众视觉疲劳，没有耐心看下去。

（二）注意文字与动画效果的配合

动画技术的运用为网络广告增添了不少吸引力，因而，在网络广告的文案写作上，应充分利用动画技术所产生的视觉效果，利用字体大小、位移的快慢变化，来增加信息传播的趣味性和表现力。网络广告中文字与动画效果的配合如图3-18、图3-19所示。

图 3-18

图 3-19

（三）文字风格要与广告内容相吻合

网络广告的文字设计要服从信息内容的性质和特点，风格要与广告主题相吻合，不能脱离，更不能冲突。科技、教育、医药类的网络广告的字体要庄重、规范，字体风格简洁大方；旅游、美食、购物类的网络广告的字体则要活泼、生动，字体风格欢快鲜明；考古、历史、收藏类的网络广告的字体要端庄、古雅，字体风格古朴有韵味。只有注重了文字的独特风格的表现，结合相关的广告主题，才能给受众强烈视觉冲击力的同时，加深受众对作品的印象，从而使作品在众多同类广告中脱颖而出。网络广告中文字与广告风格的吻合如图 3-20 所示。

图 3-20

（四）文字风格要与受众群体的特性相吻合

由于网络可以根据不同兴趣爱好，把受众高度细分，因而在针对目标受众诉求时，注意运用他们所熟悉的语气、词汇，会增强认同感。网页设计者可以利用字体来更充分地体现设计中要表达的情感。字体选择是一种感性、直观的行为。但是，无论选择什么字体，都要依据网页的总体设想和浏览者的需要。例如，粗体字，强壮有力，有男性特点，适合机械、建筑业等内容；细体字，高雅细致，有女性特点，更适合服装、化妆品、食品等行业的内容。在同一页面中，字体种类少，版面雅致，有稳定感；字体种类多，则版面活跃，丰富多彩。文字风格与受众群体的特性相吻合如图 3-21 所示。

图 3-21

第四节　网络广告中色彩的创意设计

在互联网遨游的受众喜欢漂亮的、有较强视觉冲击力的图像或影像，这些都离不开成功的色彩搭配。网络广告中良好的色彩设计容易吸引更多受众的关注，并达到良好的广告效果。另外，在网络广告中，可以通过不同色彩搭配，来营造不同的环境氛围，并通过色彩代表的不同含义来代表一个产品和企业的理念和精神。

在网页广告设计中，选择恰当的色彩是非常重要的，相对比网页广告其他组成部分，色彩更能让网页广告看起来新颖和瞩目。网络广告中的色彩如图 3-22 所示。

图 3-22

一、网络广告中色彩设计的整体原则

色彩是网络广告具备视觉效果和艺术效果的重要设计元素。各种色彩的相互配合，可以创造出网络广告完美的艺术画面。色彩在广告中的应用，就如同色彩对于图画、标题对于正文，对增加广告的注意价值有十分重要的作用。

心理学研究表明，人的视觉器官在观察物体时，最初的几秒内色彩感觉占 80%，而形体感觉只占 20%；两分钟后色彩占 60%，形体占 40%；5 分钟后各占一半，这种状态将持续下去。由此可见，在网络广告作品的各种组成要素中，色彩的影响作用最大、视觉效果最强，更能引起受众的注意，更能引导受众的联想。

网络广告色彩的选择和搭配是网络广告设计的重点之一。网络广告的色调、背景、文字、图标、边框、链接应该采用什么样的色彩，应该如何搭配是网络广告设计从构思初始就必须考虑的问题。可口可乐网络广告中的红色如图 3-23 所示。

图 3-23

实践证明，广告的主色调格外引人注目，它能直接抓住吸引受众的注意力，使受众通过鲜亮动人的象征性色彩，引发联想和情感活动，从而产生对某种商品的消费动机，促成购买行为。

（一）不同色彩对应的视觉感受

每种色彩都有对应的心理感觉，不同的颜色会给受众不同的心理感受。下面具体分析一下每种色彩对应的视觉感受，见表 3-1。

表 3-1　不同色彩对应的视觉感受

序号	颜色	视觉感受
1	红色	象征着火和力量，它不仅与激情和重要性联系在一起，还有助于激发能量和提起兴趣。红色的负面内涵是愤怒、危急、生气、流血，这也源于红色本身代表的热情和进取
2	橙色	象征着幸福、快乐和阳光。这是一种欢快的色彩，能唤起孩子般的生机
3	黄色	一种幸福的颜色，代表着积极的特质，如喜悦、智慧、光明、能量、乐观、幸福。黄色的负面内涵是警告、批评

续表

序号	颜色	视觉感受
4	绿色	象征着自然，并且有一种治愈性的特质，让人感到安全，它用于象征成长与和谐
5	蓝色	一种和平、平静的颜色，散发着稳定和专业性，因此它普遍运用于企业网站。蓝色也可以象征信任和可靠性。蓝色消极的一面象征抑郁、冷漠
6	紫色	皇室和有教养的颜色，代表着财富和奢侈品。它具有灵性的感觉，并能激发创造力。紫色可以散发出一种神奇的感觉，它能很好地提升创造力和表达女性特质。紫色的负面内涵是沮丧和悲伤
7	黑色	往往与权力、优雅、精致、深度联系在一起。黑色的负面内涵与死亡、神秘和未知联系在一起。它是悲伤、悼念和悲哀的颜色，因此在运用时必须明智选择
8	白色	象征纯洁和天真，它不仅传达着干净和安全，还可以被认为是寒冷和遥远的象征，代表着冬天的严酷和痛苦的特质

网络广告不同于平面广告，其颜色模式（图3-24）与表现方法都有各自的特点。首先，网络广告设计时使用的是16进制表示的色彩（216色Web安全色），即RGB（显示器使用）色彩模式。而普通平面广告设计则使用CMYK（印刷用）颜色模式。其次，电子商务站点是为客户服务的，它的色彩搭配应以大众的欣赏习惯为标准，同时兼顾网站专业特点和艺术规律。

图 3-24

（二）色彩搭配应遵循的原则

网络广告设计中的色彩搭配应遵循以下原则。

1. 色彩使用的合理性

虽然明亮的色彩能够在第一时间吸引人们的眼球，但是长时间的注视容易使人的眼睛疲劳。网络广告是以显示屏为终端的广告形式，需照顾人的生理特点，避免大面积的高纯度色彩的使用，需注意色彩搭配的比例。女装店铺"小米虫子"如图3-25、图3-26所示。

图 3-25

图 3-26

2. 色彩的搭配具有独特个性

网络广告的发布以网页为载体，广告要从整个页面中脱颖而出，色彩的搭配起着非常重要的作用，既可以色彩缤纷，又可以简约大气。家居店铺"平田生活"的极简设计如图3-27所示，服装店铺"妖精的口袋"如图3-28所示。

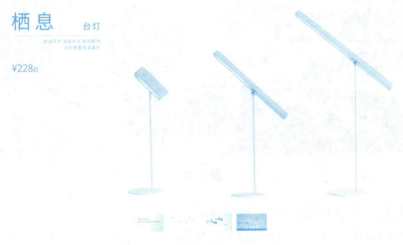

图 3-27

图 3-28

3. 色彩的艺术性

色彩设计属于艺术形式的范畴,按照内容决定形式的原则,色彩应服务于网络广告品牌的内容,广告主题既要明确又要充符合客户群的审美。婴幼儿用品广告如图 3-29 所示,"多喜爱"床上用品广告如图 3-30 所示。

图 3-29

图 3-30

二、网络广告色中彩的主调与对比

两种及以上的色彩放在一起,经过处理和调整后,会产生一种让人感觉舒适的效果,这就是色彩的调和。生活中的色彩不是单独出现的,往往一个事物有多种色彩,当很多色彩同时在一起时,有些色彩组合会让人感觉心情愉快,但有些色彩组合却让人感觉心里不舒服。这是色彩不同的搭配产生的不同视觉效果。因此,在一个网络广告中就产生了色彩的主调与副调的区别。

在网络广告中,设计者常常通过色彩对比来对配色的单调进行调和,以刺激受众的视觉,让网络广告引起受众的关注并使其产生兴趣。研究表明,良好的色彩对比有助于增强人们的审美体验,给人带来良好的感受,这就是色彩对比无法替代的魅力。例如,孩子喜爱的各种儿童玩具,若色调鲜艳、明快,对比强烈而统一协调,他们一见就会笑逐颜开、爱不释手;反之,若将玩具设计成灰暗冷清的色调,就会被孩子冷落。

(一)色相对比

色相对比是因色相之间的差别形成的对比。当主色相确定后,必须考虑其他色彩与主色相是什么关系,要表现什么内容及效果等,这样才能增强其表现力。不同色相对比取得的效果有所不同,两色越接近,对比效果越柔和;越接近补色,对比效果越强烈。京东网络广告中色彩的色相对比如图 3-31 所示。

图 3-31

（二）明度对比

明度对比是指由色彩之间明暗程度的差别而形成的对比，是页面形成恰当的黑、白、灰效果的主要手段。明度对比在视觉上对色彩层次和空间关系影响较大。例如，柠檬黄明度高，蓝紫色的明度低，橙色和绿色属于中明度，红色与蓝色属于中低明度。网络广告中色彩的明度对比如图 3-32 所示。

图 3-32

（三）纯度对比

纯度对比是指不同色彩之间纯度的差别而形成的对比。色彩纯度大致可分为高纯度、中纯度、低纯度三种。未经调和过的原色纯度是最高的，而间色多属中纯度的色彩，复色本身纯度偏低而属低纯度的色彩。纯度的对比会使色彩的效果更明确、肯定。网络广告中色彩的纯度对比如图 3-33 所示。

图 3-33

(四)补色对比

补色对比是指将红色与绿色、黄色与紫色、蓝色与橙色等具有补色关系的色彩彼此并置,使色彩感觉更为鲜明,纯度增强。网络广告中色彩的补色对比如图3-34所示。

图3-34

(五)冷暖对比

冷暖对比是不同色彩之间的冷暖差别形成的对比。色彩分为冷、暖两大色系。其中,红色、橙色、黄色为暖色体系,蓝色、绿色、紫色为冷色系,两者基本上互为补色关系。另外,色彩的冷暖对比还受明度与纯度的影响,白光反射率高而感觉冷,黑色吸收率高而感觉暖。网络广告中色彩的冷暖对比如图3-35所示。

图3-35

(六)面积对比

面积对比是指页面中各种色彩在面积上多与少、大与小的差别,影响页面的主次关系。同一种色彩,面积越大,明度、纯度越高;面积越小,明度、纯度越低。面积大的时候,亮的色显得更轻,暗的色显得更重,这种现象称为色彩的面积效果。网络广告中色彩的面积对比如图 3-36 所示。

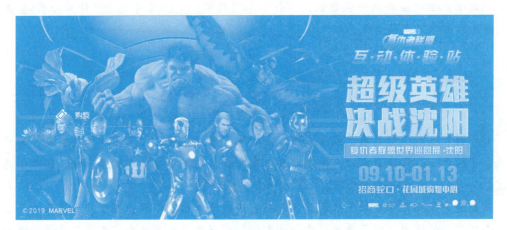

图 3-36

知识回顾

广告的目的是为企业和产品树立形象，使受众产生印象，引起受众的购买兴趣，建立受众对企业和产品的品牌忠诚度和信誉度。一则优秀的网络广告在企业、产品的选择中起着举重若轻的作用。

现代网络广告包含三大视觉要素：文字、图像和色彩。每一要素的设计都对最终网络广告的成败与否起到关键的作用，本章分别从这三个方面入手，分析其元素特性和设计时需要遵循的规律和原则，为最终完整的网络广告设计奠定基础。

网页设计中文字的设计风格和标准也是体现网站形象和风格的重要元素，在设计处理时，要注意其可读性和艺术性。网络广告设计中的图像也起到很大作用，相较于同样是信息载体的文字来说，图像的视觉冲击力要高出 85%，更容易以强有力的诉求画面引发网络受众的共鸣。色彩是光照射在不同的物体上反射的表现。当不同色彩作用于人的视觉器官时，会引发人们不同的心理反应，色彩是现代广告创意表现的一个重要因素。

课后练习

1. 简述网络广告创意的基本原则和一般策略。
2. 简述文字创意设计的原则和要求。
3. 简述图像在网络广告中的表现形式。
4. 简述网络广告色彩设计的原则。
5. 分析 Gorilla Glue 胶水（http://www.Gorillaglue.com）的网页色彩风格，讨论其采

用橙色为主色的设计思路。

6.根据本章中讲到的理论知识，设计一小幅横幅广告，尺寸为250像素×60像素，包括图片和文字，主题自定。

创新创意在广告设计中的应用研究

如今科学技术飞速发展，经济市场不断扩张，平面广告已成为大部分企业及公司产品的竞争手段之一。设计是实践，通过实践想要在激烈的市场竞争中脱颖而出，创新创意是关键。

创新能力是指无论某种技术还是各种社会实践活动都能提供出异于常人思路却具有价值性的新想法的能力。对于平面广告设计来讲，创新能力对于平面广告作品质量的提升起着举足轻重的作用，能够加大该作品于社会中效果呈现的完美度，能使产品从众多竞争对手中脱颖而出，从而大大增加它的曝光度，提高相应的企业或产品在大众眼中的影响力。

一、创新创意为广告设计提供更多的创意元素，吸引大众眼球

平面设计是文字、图案、照片和想象的组合体，通过大脑有条理地组装而形成的社会艺术。不同的文字、不同的图案、不同的照片和不同的想象力，都属于最终画面的不同元素，而每个人不同的创新能力，能将不同的元素以千千万万种方式进行组合搭配，使广告设计呈现出五彩斑斓的效果。新媒体技术的发展带来的是更加便捷而完善的设计操作。一般常用的平面设计软件有Photoshop、Illustrator、CorelDRAW等。其中，Photoshop软件利用图像处理、编辑、通道、图层、路径、图像色彩的校正和各种特效滤镜的使用等方法制作出千变万化的图像特效；Illustrator软件利用点线面的操作进行图形绘制、包装和宣传页等的制作；而CorelDRAW软件则是制作矢量的插图、设计及图像来完成最终的设计……不同软件的应用方向不同，唯一相同的是，它们都是通过将不同元素进行组合，完成最终的作品；而具有创意的组合，所完成作品也更具吸引力。这些软件在很大程度上提高了设计者的设计效率，而创新能力能使作品的呈现效果更上一层楼。

就色彩而言，它是一个平面广告中吸引人注意的第一关键，也是广告表现的重点所在。我们都了解Photoshop软件能通过不同的工具改变画面呈现的色彩，它自带RGB和CMYK两种颜色模式，可以设置多种颜色，设计者通过选定不同的配色给作品添加色彩。虽然不同数值呈现出的色彩是固定的，但色彩的搭配是无限的，这就需要设计者具有丰富的想象力，使其打造出最完美的效果。

即使是一览无遗的平面广告，耳目一新的广告创意设计也能够加深受众对企业形象或产品的印象，在视觉呈现上和受众产生互动，从而吸引更多受众的注意。所以，在每一次的广告设计中，设计师自身的创新创造能力是十分重要的，也许过程会十分艰辛，但看到一个个完美的作品呈现在眼前的时候，会觉得所有的一切都是理所应当的。每一次的创作都是一次学习和积累，通过不同的社会生活体验从而提升自身的个性与魅力，形成具有创新力和竞争力的设计新概念。

二、创新创意为设计增加了时尚性，带给受众更强的体验感

时代在进步，人们的审美观念随之转变，社会上也涌现了一大批时尚潮流人士。在平面广告设计中，设计工作者往往会根据当时当地的潮流而加入某种元素，通过视觉的设计将所需要的信息以更丰富的形式表达出来，表现出广告作品的艺术性和时尚性。在平面广告设计的过程中，作品所呈现的视觉上的色彩、文字、符号等元素，通过创新创意基础上的设计编排，可以赋予其广告作品更多的时代特性，更符合当代人们的审美追求。

留白是艺术创作中十分常见而重要的表现形式，在特定的时段和场景中，留白仿佛是一种时尚，在设计工作者眼中尤为突出。所谓留白，就是设计师特地在作品画面的某个区域留空，再根据广告的要求、主题的需要进行画面的编排。留白的设计有时体现得更多的是作者的一种品位、一种生活态度，带有"以少胜多"的自信感。如何在作品中留白是能体现一个设计师的设计功底的，好的留白能带给人们无限丰富的遐想余地。留白也是一种创新，这种创新不仅增加了作品与受众之间的互动，带给受众更强的体验，同时也是作品自身的升华。

设计工作者在每一次创作前，可能需要通过不同资料的收集整理，通过不同的想法碰撞，最终形成相应的形式来表达。在平面设计中，有时也会加入歌手、演员等明星的照片，以吸引粉丝的关注；如果该明星也是时尚的代表，那所呈现的作品也有了更大的亮点。但值得注意的是，引用明星图片或其他热门元素，也需要创新来点缀。可以说现代社会中人的目光都比较严格，没有看点的作品不喜欢，没有心意的作品只是一堆废铜烂铁。设计工作者需要将每个元素创造性地结合在一起，才会受人欢迎。

在丰富的社会生活中，只有抓住受众的眼光才是最佳之举，和受众产生互动，在互动交流探讨中才能弥补不足，日积月累，向更优秀的方向迈进。俗话说："知己知彼，方能百战百胜。"在所谓的创作之前，了解社会、了解受众所向往的事物是至关重要的，只有这样，创作出来的作品才能成为潮流，才具有一定的代表性。

三、创新创意是每个平面广告设计工作者必须具备的特点

平面设计师一般都毕业于广告设计、视觉传达设计、工业设计、美学等相关设计科系，他们在校期间就开始涉及软件的学习和应用，都会跟着学院老师一起做相关设计项目；但也有半路出道者，对设计具有极大兴趣，报考设计培训班或自学成才，而最终成为一种职业。一个真正的平面设计师不只是学会几个设计软件就可以了，尤其是广告平面设计师，更加需要与时代相符的审美能力、灵活的头脑，才会在激烈的商业竞争中脱颖而出。

对于一个成功的平面设计师，个人的创造力和想象力异乎寻常的重要，这便是属于一个设计工作者的创新能力。在每一次和广告商合作的项目中，商家尤其看重广告作品中的可行性与创造性，只有新颖的产品才能吸引大众眼球，独具特色的广告才会令人神往。娴熟的软件操作是每个设计工作者的必备功底，而软件的技术操作只是把你的创意体现在每

个人眼前的基本条件，两者缺一不可。

其实，现代社会"随波逐流"的现象是十分严重的，对自己的东西没有完全的把握，为了达到目标而去模仿其他人优秀的作品，想做出人家的那种效果。也许这能完成一时的任务，却不能实现永久性的价值。设计应该像学书法、绘画一样，一开始照着别人的样子去做，在模仿过程中进行大量的练习，在练习的过程中学会总结思考，同时加入属于自己的东西，才会形成具有个人代表性的特点，才会有属于自己的标签，最终创造出独具一格的作品。赝品就算模仿得再真也终究是赝品，只有靠自己的创新而呈现出来的作品才更具价值。

都说活到老学到老，一个人不可能对某个方面完完全全掌握，在创造出每一个新东西的同时，一定会发现存在其中的瑕疵，从而更好地完善它。而这个前提是必须有这个创造能力。每一步的创新都来自灵感的迸发，而每一个灵感的凸显来自对生活的感悟。在生活中总结经验，在经验中产生灵感，在灵感中创造新生。

四、企业的发展，需要不断地创新创意

现代社会正在不断发展，人们对于展现在他们面前的美的要求日益提高。为了让自身品牌能够进入社会的行列，进入大众的视线，广告宣传成了绝大多数企业发展的必然选择。而作为广告宣传中十分关键的平面广告，通常代表着该企业的品牌形象和产品形象。只有不断地创造出符合该企业的崭新的吸引点来牢牢锁住大众的眼球，企业才会不断地发展。

斯威尼曾提过："在识别创新思想方面最成功的公司总裁，总是善于同有创新意识的人打交道，善于倾听他们的意见，包括听来有点古怪的意见……为了获取创新思想，作为公司总裁必须乐于承认和接受由创新思想带来的种种不愉快。"因此，很多广告公司在招聘人才的同时，要求有丰富的创造力和鲜明的个人特色，从而提升整个公司的发展水平。"头脑风暴"对于设计师或是项目实施专员来说最熟悉不过，无限制地、自由地联想和讨论最终产生新观念或激发创新设想，其特点是让参与其中的每个人都敞开思想看待问题，从而使各种设想在相互碰撞中激起脑海的创造性风暴，这是一种集体开发创造性思维的方法，但同样，这也是一种创新的重要方法，它能促进企业更好地完成每一个项目，进而大大提升企业的发展程度。

新媒体的时代呈现了不少新媒体的产物，无论是视频、文章还是图片，都加上了"原创"的标签，私自转发、模仿都属于侵权。原创是一种创新，能代表一个设计工作者的思想，能代表一个企业的形象。对于平面广告设计来讲，原创是一种认可，是一种设计的荣誉。因此，只有通过自己的创意创造出来的作品，才更有资格呈现在人们面前，才会不断地进步与发展。

创新创意是企业的灵魂，是企业持续发展的保证。设计对于商家企业来说，传达的不仅仅是最直接的商业信息，更应该与目前大众的审美和社会的潮流相呼应，才能更好地与受众产生共鸣，为其铺设更宽、更远的市场发展道路。

综上所述，对于平面广告设计工作者来说，创新创意是其工作能够高指标完成的关键，

不仅是对企业项目质量的负责,更是个人价值的体现;而创新能力是其众多个人能力中的基础能力之一,但也是极为关键的能力之一。在当今社会,没有创新就相当于跟不上时代的步伐。时间在交替,每一个人都在变化,每一个团体都在成长,每一个地区都在发展,创新也成为引领社会发展的重中之重。创新能力在学校教育或社会发展中都不可忽视,必须解放学生的创造力,发掘学生的想象天赋,为其以后的社会工作打下坚实的基础,从而提升其现代社会平面广告设计的水平。

网络广告版面设计

【知识目标】
1. 了解网络广告的版面设计原则。
2. 了解网络广告视觉流程设计的三个阶段。
3. 了解网络广告版面焦点确定的方式。
4. 了解网络广告的版面构图表现方法。

【技能目标】
1. 能够按照现代网络广告版面设计的原则和方法设计网络广告。
2. 能够利用网络广告版面焦点的确定方式确定焦点。
3. 能够利用版面构图的表现方法表现网络广告的内容。

【知识导图】

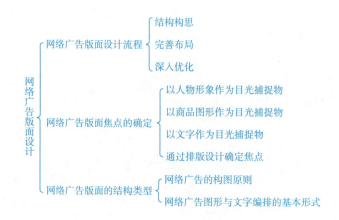

第一节　网络广告版面设计流程

一、结构构思

设计师要对客户的需求、网站的定位、受众人群等很多方面进行详细了解，制订详细的策划方案。在不了解客户需求的情况下，盲目地使页面设计达到某种视觉效果是很难的，也很容易被客户推翻，即使过了客户这一关，但是如果没有真正地为客户带来价值，还是失败的。

当真正了解客户需求之后，尽可能发挥想象力，将想到的构思绘制在版面上，不讲究细腻工整，也不必考虑一些细节的部分，只需用几条粗陋的线条勾画出创意的轮廓即可。尽可能多地构思一些方案，以便选择一个最适合的方案进行搭建。这个阶段只要把重要的元素和网页结构相结合，看看框架是否合理，是否适合客户的需求即可。

二、完善布局

设计师根据客户的要求将其所需的内容有条理地融入整个框架中后，进入布局的阶段了，就可以通过对图片的处理、空间的合理利用进行编排了。根据广告主题的需要和网络广告版面的大小，确定各版面要素的主次地位，确定广告的突出关键点，将其放在视觉醒目的位置，选定文字和图像（如标语、广告语、图形、插图等）的具体版面位置，决定它们之间的相互呼应关系，组织好视觉流程的顺序，进行有节奏、主次的组合。网络广告中的版面分区如图4-1所示。

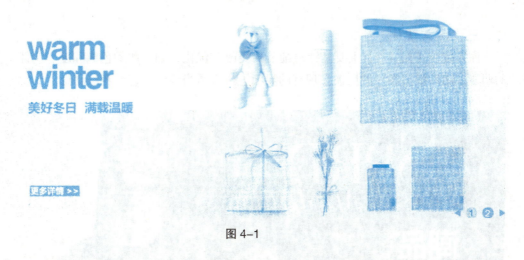

图 4-1

在版式设计中，图形与图形、图形与文字、文字与文字、编排元素与背景之间，无论表现为有彩色还是无彩色，在分析中，都在视觉上整体归纳为黑、白、灰三种空间层次关系。通过黑、白、灰的明度对比，使某些元素比其他元素更突出，各编排元素之间建立起先后顺序，使信息层次更加分明。

文字的字体、字号、粗细、行距、字距的选择不同，在版式设计中形成的面的明度也有所不同，由此决定版式构成中黑、白、灰的整体布局。文案的群组化是避免版面空间散乱状态的有效方法。网络广告中的文字分区如图4-2所示。

图 4-2

三、深入优化

深入优化（图 4-3）主要是针对细节的更改和优化，如一些颜色饱和度、字体、间距的调整；然后根据客户的反馈在现有的界面上进行适当调整，直至客户满意。

图 4-3

第二节　网络广告版面焦点的确定

　　一个网络广告页面的焦点也就是此广告要展现的中心内容，网络广告一定要在极短的时间内抓住受众的眼球，向受众展现主题内容，所以页面焦点的确定就显得尤为重要。这里所说的焦点，指的是版面中引导视觉心理的焦点，一般有以下几种形式。

一、以人物形象作为目光捕捉物

　　广告的最终目的是说服受众，人物形象作为目光捕捉物有利于主题和创意的表达，起到了良好的点题和烘托作用。图4-4所示为佳能的网络广告，此广告以人物营造生活中的欢乐场景来进行目光捕捉，将受众目光聚焦在人物的灿烂笑容上，再利用画面的虚实和文案将受众的思路引导向摄影类产品。

图4-4

　　作为产品或品牌形象的代言人，具有独特的个性品位，具有美的感染力，不仅增强画面的吸引力，而且会在受众心目中建立个性形象，给受众留下难以忘记的印象。当下许多网络游戏广告都使用真人来代言，就是为了将代言人的个性甚至是行事风格代入广告产品中，让受众对未知的游戏产品有个预先的认知和判定。例如，强调热血的"降龙之剑"游戏广告就使用了给人以"热血汉子"印象的摇滚明星"信"乐团的主将信来进行代言。一直强调自己是"新一代的选择"的百事可乐，在代言人的选择上也遵循这一设计原理。

　　另外，在广告视觉设计中，运用人物的动作语言能提高画面的被注意值，能更有效地传播设计信息。图4-5所示为网易女人的广告，此广告利用女性饰品和女性本身的肢体形成了多个三角形构图，一方面，打破平淡的广告画面使得受众的目光锁定在三角形区域内；另一方面，利用这种不对称但是却稳定的构图方式营造艺术性的氛围。

图 4-5

二、以商品图形作为目光捕捉物

目光捕捉物采用商品本身,是传达商品信息、说明产品本身性能、特点最直接的方法,它能在视觉上给受众一个清晰的商品印象,使受众对画面内容进一步关心,引起共鸣,刺激其购买欲望。图 4-6 所示的两则电脑广告,虽然品牌不同、诉求不同,但是不约而同地使用了商品本身作为目光捕捉物。

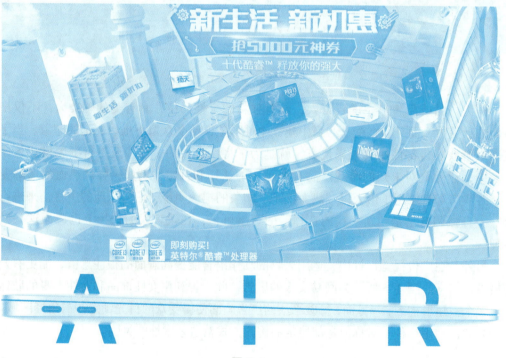

图 4-6

三、以文字作为目光捕捉物

采用文字作为目光捕捉物的广告设计以信息型广告为主,在网络广告上主要采取按钮广告和公司网页广告等形式。文字不仅作为语言符号可直接陈述企业和产品的特征及功能,并且通过设计文字形象的个性、风格特点来表达企业、产品给人的印象,要注意文字与广告内容及广告产品风格的一致性,否则会影响文字的视觉传达效果。

四、通过排版设计确定焦点

每个版面都会设计一个视觉焦点,这也是版面设计中需要重点处理的地方。焦点是否突出和版面编排、图文相互位置、色彩运用、明暗处理以及动静对比都有极大的关联。

具体运用到设计中,一般会沿着视觉焦点的倾向与力度来进行整个版面的编排。具体的方式如下:

(1)在版面设计过程中,如果有确定、有效的信息载体,无论它是文字还是图像,都可以通过扩大其占用版面的比例来将其突出,同时使次要的诉求元素缩小到从属地位,加强主从元素的大小对比。这样会使受众的视线不自觉地首先注意大的元素,然后才会看到较小的形象,形成人为强势的版面焦点,并且这种由大到小的视觉引导能够使受众视线在版面上流动,形成一种动态的浏览,从而使版面更灵动、主要诉求点更确切。

(2)有的时候,主要视觉元素的面积并不是很大,可以通过在主要视觉形象周围留白,利用虚实的对比使主体形象更加鲜明和突出,从而成为焦点。

(3)色彩对比突显版面焦点。色彩能带给人非常强烈的视觉感受,如果版面主体在色相、明度和对比度等方面与从属元素对比性增强,就会从整个画面中脱颖而出,成为版面的视觉焦点。

(4)动静区别确定焦点。动使版面充满活力,获得更高的注目度;静使版面冷静、含蓄,具有稳定的因素。两者在版面的组织上,以动为前、静为后,彼此以动静的对比关系来建立空间感。

第三节　网络广告版面的结构类型

网络广告的版面构图要遵循一定的设计法则。首先,内容与形式要统一,形式服从主题内容的要求。其次,视觉流程要流畅,广告主题要突出。最后,各个设计元素之间要讲求相对均衡,讲究留白处理,强调广告诉求重点,注意整体版面的韵律感。

版面的布局和编排没有固定的模式,也不应该有固定的模式,一些版面处理在以前看是"犯忌"的,但受众(包括不少圈内人士)都认为很有特色,甚至形成了特有的风格。

一、网络广告的构图原则

（一）创造版面的视觉美感

精良的网络版面设计能够给受众留下深刻的视觉印象，使网络版面充满韵律。韵律不仅指版式设计富有动感和流畅性，而且编排的内容饶有趣味，既矛盾又统一，从标题的精心制作到内文的详略得当、图片的清晰美观和装饰的可圈可点。内容与形式的统一是创造版面美感的前提，版面的美感是通过视觉感受到的，版面中各视觉元素结合起来，既统一又变化多样，从而使版面既不觉单调又不显杂乱无章，充满灵性、诗意和美感。

没有个性的版面是失败的，就像一张毫无个性的面庞，在视觉上不易让人记住。整个网络版面的风格要有统一的设计，形成一个整体，从更深层次上体现网络广告的定位，适应受众的欣赏口味。就版面的具体编排而言，各种元素的统一不仅是方便阅读的需求，而且是产生视觉美感的需求，过多的变化只会进一步加重负担，统一视觉效果更能体现秩序感。网络版面的视觉美感如图4-7所示。

图4-7

（二）主题突出，增加版面亮点

网络广告版面往往在体现内容丰富多彩的同时，还需突出一个中心。版面突出的中心就是设计者最想说的话。采用多种编排手段，突出一个主题，会给受众留下一个深刻的印象，达到很好的宣传效果。

将最具有视觉冲击力的图片和标题放在版面上部，做突出处理极为重要。通过加大头条稿件所占面积、加大头条文字的排栏宽度、拉长头条标题、加大标题字号及使头条标题反白……都能使头条成为视觉中心。同时，要注意不能把版面处理得过于花哨而从转移了受众对广告本身的注意，这样就能使受众在浏览时无意一瞥，便停下了眼光。

网络广告版面中要增加版面亮点，使之成为视觉中心。以采取局部的图案衬饰、加大标题字号和所占版面的空间、突出的标题设计、标题形状变化、加大图形所占的版面空间和独特的花边形式等方式，在画面中成为视觉中心。此外，一条有声、有色、感染力强的标题，三言两语便扣住了受众的心弦，吸引了受众的视线。视觉中心理论能更好地活跃版面！较好地处理版面全局与局部、局部与局部的关系，甚至可以通过版面表现力的强弱，明确视觉层次，让受众在不知不觉中按编辑的要求，做到先看什么，再看什么，最后看什么。网络版面的亮点如图 4-8 所示。

图 4-8

（三）提高视觉度

视觉要素是指相对于文字要素的插图、照片、表格等图像表现。在版面中增强视觉要素，能产生轻快、有亲和力的印象；相反，以文字为中心，则给人高格调、冷漠和坚硬的印象。

相对文字，图像的要素（插图、照片等）产生的视觉的强度称为视觉度。外观和影响力越高，视觉度就越高。明快的插图给人最强烈的印象，视觉度很高。一般来说，照片的视觉度比插图低，特别是云、海等的风景照，视觉度就更低。

然而，并不是说视觉度越高越好。与内容相吻合的"度"是很重要的。例如，在纯文字的广告中加入过多插图，虽然有轻快的感觉，但却形成了不和谐的版面。网络版面的视觉度如图 4-9 所示。

（四）善于利用空白

空白部分在版面中分配恰当，能使画面有疏有密，利于视线流动，更好地烘托和加强主题。

空白有两种作用：一种是对其他内容表示突出、卓越，另一种表示网页的品位。这种表现方法对体现网页的格调十分有效。

版面中的空白既可以让受众产生更多的意境想象的空间，也使得主要信息能轻松地传递给受众，也可以使受众在欣赏广告时产生轻松、愉悦之感，标题越重要，就越要多留空白。

处理空白如图 4-10 所示。

图 4-9

图 4-10

二、网络广告图形与文字编排的基本版式

网络广告版式设计中,图形与文字之间的分区主要有以下几种版式。

(一)上下分割

版面分成上下两个部分:一部分配置图片,另一部分配置文案。中间的空白创造出了余地。由于网页发布的特性,此种广告形式使用较少,多在竖版广告中出现。网络广告版面设计中上下分割版面如图 4-11 所示。

（二）左右分割

由于网络广告的发布特性，左右分割是网络广告中比较常见的编排形式。也由于人们观察网页的视觉习惯，与印刷品相反的是网络广告一般采用左文右图的居多，当然也不乏相反情况。网络广告版面的左右分割如图4-12、图4-13所示。

图 4-11

图 4-12

图 4-13

（三）线性编排

线性编排的特征是几个编排元素在空间被安排为一个线状的序列。竖向、横向或任何给定角度的一行元素都可以产生线状。线不一定是直的，可以扭转或弯曲，元素通过距离和大小的重复互相联系。运用这种方式构成的版式会使人的视线立刻集中到中心点上，且这种构图具有极强的动感。网络广告版面的线性编排如图4-14所示。

图4-14

（四）中心点编排

中心点编排是稳定、集中、平衡的编排，用于营造空间中的点或场。人的视线往往会集中在中心部位，产品图片或需重点突出的景物配置在中心，会起到强调的作用。如果由中心向四周放射，可以起到统一的效果，并形成主次之分。网络广告版面的中心点编排如图4-15所示，居中编排如图4-16、图4-17所示。

图4-15

第四章　网络广告版面设计

图 4-16

图 4-17

（五）重叠编排

重叠编排是各编排元素间上下重叠、覆盖的一种编排形式。元素之间由于重叠易影响识别性，因此需要在色彩、虚实、明暗、位置之间进行调整，既相得益彰又层次丰富。网络广告版面重叠编排如图 4-18 所示。

图 4-18

知识回顾

本章主要介绍了网络广告版面设计的流程、网络广告版面焦点的确定以及网络广告版面的构图类型，介绍了网络广告版面设计的具体设计要求和构图方法。

网络广告的版面设计流程：结构构思—完善布局—深入优化。

网络广告版面焦点的确定可以通过四种方式实现：第一，以人物形象作为目光捕捉物；第二，以商品图形作为目光捕捉物；第三，以文字作为目光捕捉物；第四，通过排版设计确定焦点。

网络广告的构图需要遵循一定的原则：第一，创造版面的视觉美感；第二，主题突出，增加版面亮点；第三，提高视觉度；第四，善于处理空白。

网络广告图形与文字编排的基本版式包括上下分割、左右分割、线性编排、中心点编排和重叠编排。

课后练习

1. 简述网络广告版面的设计流程。
2. 怎样确定网络广告版面的焦点？

3. 网络广告的构图需要遵循哪些原则？

4. 网络广告图形与文字的编排都有哪些版式？

5. 登陆宜家主页（http：//www.ikea.cn），查看宜家网页风格及最新宜家产品，分析其主页和产品页面的版面构成及版面设计思路。

6. 登陆 Tazo 喝茶品尝室网站（http：//www.tazo.com），小组讨论并评析其中使用的版面设计形式。

网络广告文案排版

文案排版的元素包括字形、方向、颜色、数字、英文、纹理和框架七种。

一、斜向排版、竖向排版、横竖混排

（1）斜向排版的视觉效果是非常直接的，如下图所示。特点：倾斜角度不要超过45°，否则影响视觉效果。另外，一旦采用斜向排版，建议把所有文案内容都采用斜向排版，否则看起来不协调。

斜向排版

（2）竖向排版的视觉效果如下图所示。它的特点是：适合做有文化底蕴的广告。

竖向排版

（3）横竖混排非常考验排版能力，属于高端技巧，虽然很难排出好的效果，但是偶尔尝试一下也未尝不可。

二、双色排版及三色排版

网络广告文案文案排版讲究简洁视觉效果突出,颜色一般采用双色或三色。笔者把排版简洁、视觉效果突出的方法归纳为双色排版和三色排版。

双色排版的特点:文字隔行排版,且两种颜色对比强烈,如下图所示。

双色排版

三色排版的特点:文字颜色有三种,即一个背景色,一个白色,一个黄色。这种颜色排版方式,颜色对比强烈但又很协调。作图时可以采用另外的对比色,背景色和白色可以作为基础色,三色排版如下图所示。

三色排版

三、数字效果的巨大化

商品促销图的排版少不了数字,一般是折扣数字和价格,如下图所示。特点:数字与文字对比强烈,包括大小和颜色;放大的数字使人有鲜明的感观效果,对数字(尤其是打折信息)非常敏感的中国人会更有触动。

商品促销图

四、用英文制造形状

用英文制造形状的特点：居中排版，简单而有效；让文案围绕英文排版，非常有趣，是推荐使用的一种英文辅助排版方式。

注意： 英文字体要小，读不出来也没关系，关键是文字排出来的形状。排版时，可以先创建一种形状，然后把文案填进去。

五、文案框架的选择

文案框架的形状选择可能性是无限的，设计者可以不参照其他设计图来设计自己的原创设计图。笔者把这种方法当作最简单但也是最难的设计方法。说它简单是因为形状可以随便选择，然后把文案内容填进去就可以了；说它难是因为文案和框架的匹配也需要很多技巧，设计想要做完美总是很难的，像上图这种效果很好，但是我们想要设计出来还是要费上很多的心思的。

动画与短视频制作

【知识目标】
1. 了解位图的应用和处理方式。
2. 掌握基本动画形式的制作方法。
3. 掌握元件和实例的制作方法。
4. 掌握短视频的制作方法。

【技能目标】
1. 能够利用 Flash 制作动画。
2. 能够制作广告短视频。

【知识导图】

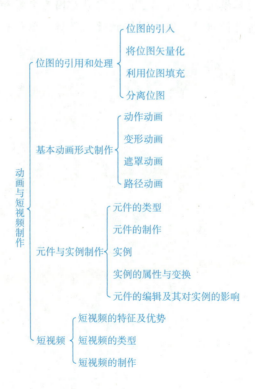

第一节　位图的引用和处理

Flash 虽然是制作矢量动画的软件，但在其中仍可以使用位图，或者将位图作为填充图案、进行位图矢量化以及一些常规的编辑等。

一、位图的引入

位图（bitmap），也称为点阵图像或栅格图像，是由像素（图片元素）的单个点组成的。这些点可以进行不同的排列和染色以构成图样。当放大位图时，可以看见构成整个图像的无数单个方块。扩大位图尺寸的效果是增大单个像素，从而使线条和形状显得参差不齐。然而，如果从稍远的位置观看它，位图图像的颜色和形状又显得是连续的。用数码相机拍摄的照片、扫描仪扫描的图片以及计算机截屏图等都属于位图。

在 Flash 软件中，单击"文件"菜单—"导入"命令，在弹出的"导入"对话框选择导入的位图文件，即可将位图导入场景和库面板中，如图 5-1 所示。可导入多种文件格式的位图，如 JPG、PSD、TIF、EPS、GIF、PNG、AI、WMF 等。导入的位图是一个不可分割的整体，可利用编辑工具对其进行缩放、拉伸、旋转、扭曲等编辑，但不可用"橡皮擦工具"对其擦除。

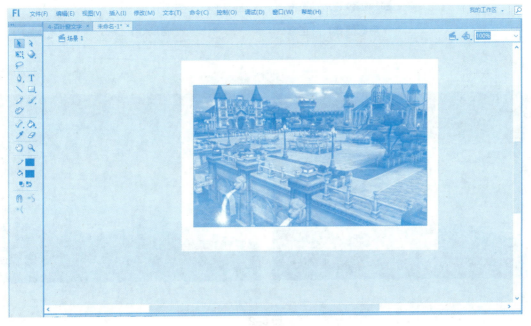

图 5-1

二、将位图矢量化

矢量图，也称为面向对象的图像或绘图图像，在数学上定义为一系列由线连接的点。矢量文件中的图形元素称为对象。每个对象都是一个自成一体的实体，它具有颜色、形状、轮廓、大小和屏幕位置等属性。

矢量图是根据几何特性来绘制图形的，矢量图可以是一个点或者一条线。矢量图只能通过软件生成，文件占用内存空间较小，由于这种类型的图像文件包含独立的分离图像，可以自由无限制地重新组合。它的特点是，放大后图像不会失真，与分辨率无关，适用于图形设计、文字设计和一些标志设计、版式设计等。

利用"选择工具"在场景中选择位图后，单击"修改"菜单—"转换位图为矢量图"命令，弹出其转换的参数面板，如图5-2（a）所示。当色彩阈值越小时，转换后矢量图的色彩层次越丰富；当最小区域值越小时，矢量图的块面越小，精度越高。图5-2（b）是在色彩阈值100、最小区域为8时转换得到的矢量图效果，图5-2（c）是在色彩阈值为20、最小区域为2时转换得到的矢量图效果。当位图转换为矢量图后，整个图形由许多单色填充的矢量形状组成，彼此独立，这时可对这些矢量形状做外形修改、填充颜色移动以及删除等各种编辑操作，也可用橡皮擦掉不需要的部分。

（a）

（b）

（c）

图 5-2

三、利用位图填充

在混色器的填充方式处选择位图填充,如图5-3(a)所示。在混色器面板上选择用于填充的位图,再利用"工具"面板上的"颜料桶工具" 填充绘制的形状,得到图5-3(b)所示的位图填充效果。从图5-3中可以看到,填充图案是由位图组成的拼贴。如果对位图填充不满意,可利用"工具"面板上的"填充编辑工具"对填充进行编辑,"填充工具"可对填充进行缩放、拉伸、旋转、移动等编辑,最终达到要求的位图填充效果,如图5-3(c)所示。

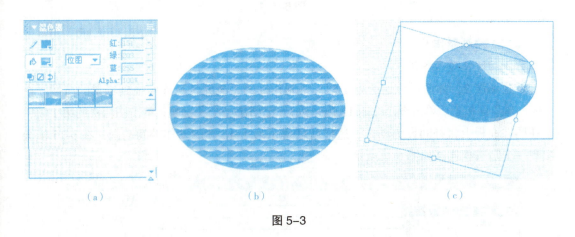

(a)　　　　　　　　　(b)　　　　　　　　　(c)

图 5-3

四、分离位图

选择要分离的位图,单击"修改"菜单—"分离"命令或按 Ctrl+B 键,即可分离位图。分离后的位图可用橡皮擦掉不需要的部分,也可用套索、魔术棒选择要删除的区域,然后按 Delete 键删除。

第二节　基本动画形式制作

一、动作动画

动作动画是 Flash 补间动画的一种形式,这种动画不但能表现出位置改变的动态过程,而且能表现出旋转、缩放、扭曲、变色等动态过程。

(一)将动画元素转化为元件

无论是在 Flash 中制作的形状、文字,还是导入的位图,都必须转化为元件后才能制作动作动画。在场景中选择要转化为元件的对象,然后单击"插入"菜单—"转化为元件"命令,或者按 F8 键,弹出"转换为元件"对话框,如图5-4所示。在"转换为元件"对话框中输入元件名称,选择元件的类型为图形,单击"确定"按钮,即可完成转化。转化后的元件可以在库面板中看到,这样该元件就可以在动画中多次使用了。

图 5-4

(二)动画制作

1. 1~15 帧动画制作

新建图层 2,并选择该层的第 1 帧,将制作好的手机元件从库中拖到场景的右端。在"时间轴"面板上,单击图层 2 的 15 帧并按 F6 键创建一个关键帧;单击图层 2 的第 1 帧,并在属性面板上将补间设为动作,这样就创建了第 1~15 帧的动作补间动画,在 1~15 帧会出现一个箭头相连,如图 5-5 所示。

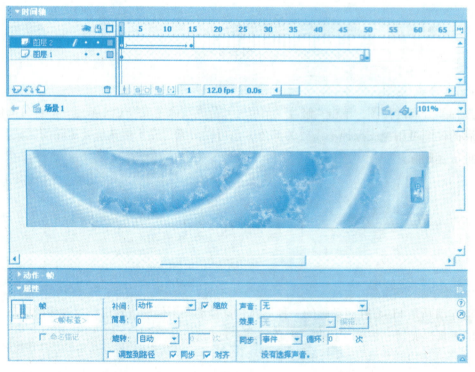

图 5-5

单击图层 2 的第 15 帧,在场景中将手机拖拽至中部,并利用"工具"面板上的"任意变形工具"将手机放大,这样就制作好了 1~15 帧内移动并放大的动画。

2. 15~25帧动画制作

15~25帧是手机原地旋转一周的动画。在第25帧处按F6键添加一个关键帧,这时自动生成动作过渡动画;单击第15帧,在"属性"面板上将"旋转"设为顺时针,次数为1,如图5-6所示。

图 5-6

3. 25~35帧动画制作

在本区间内,手机在原地停止不动。因此,只需在第35帧处(按F6键)添加一个关键帧即可。

4. 35~45帧动画制作

在第45帧处添加一个关键帧,并将手机向左移动一段距离,然后利用"工具"面板的"任意变形工具"将手机缩小,且逆时针旋转90°,如图5-7所示。这样就完成了第35~45帧移动并逆时针旋转90°的动画。

图 5-7

5. 45~50帧动画制作

在50帧处添加一个关键帧,将手机移出场景。单击场景中的手机,在"属性"面板上将"颜色"选项选择为Alpha;单击右边下拉列表框上的小三角,拖动滑块,将数值设为0,如图5-8所示。Alpha是元件的透明属性,当数值为100时不透明,当数值为0时完全透明。这样在第45~50帧,手机向左移动,并逐渐消失。

图 5-8

元件除透明属性 Alpha 外，还有亮度和色调属性，在关键帧上可修改一个或多个属性来制作元件的属性变化动画。

（三）动画调整

上述制作的动作动画其运动都是匀速的，动画缺乏节奏感。可以通过修改"属性"面板上"简易"项数值来打破这种匀速运动造成的节奏单一和呆板。当"简易"项数值为正数时，对象做减速运动；当"简易"项数值为负数时，对象做加速运动；当"简易"项数值为 0 时做匀速运动。当"简易"项数值的绝对值越大，加速或减速就越快。

为了在 1~15 帧使运动速度逐渐减慢，在时间轴面板上单击图层 2 的第 1 帧，在属性面板上将"简易"项数值调到 50，单击"时间轴"面板上的洋葱皮按钮，可以看到 1~15 帧的运动状态，如图 5-9 所示。

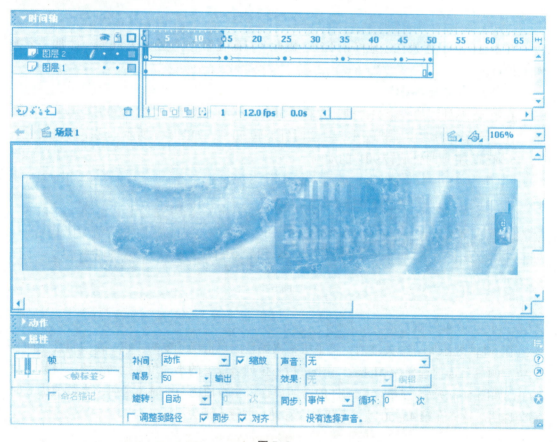

图 5-9

在第 35~45 帧和第 45~50 帧，我们希望运动速度逐渐加快，分别在第 35 帧和第 45 帧处将"简易"项数值调为 -30 和 -50。

二、变形动画

变形动画也是 Flash 过渡动画的一种形式，与动作动画不一样，它要求制作动画的元素不是元件，而是形状，如果是位图、文字、群组、元件，必须按 Ctrl+B 键将其分离成形状。变形动画比动作动画更能表现丰富的形状变化，同样能表现位置变化、大小变化、颜色变化、透明变化和旋转等动态过程。

（一）基本制作步骤

1. 制作起始和终止形状

在变形动画的开始帧上制作一个空白关键帧，并在场景中利用绘图工具制作变形动画的起始形状，如绘制一个圆形。按同样的方法在动画结束帧处制作一个空白关键帧，并制作一个变形的终止形状，如制作一个心形。

2. 制作变形动画

单击变形动画的开始帧，并在"属性"面板上将"补间"项选为"形状"，如图 5-10 所示。这样就完成了变形动画的基本制作。

图 5-10

3. 动画调整

变形动画与动作动画一样，调节"简易"项数值可使动画加速或减速。对于变形动画，如果变形的起始和结束形状间有距离，"简易"项数值为负数时会同时对移动和变形加速；反之则对移动和变形减速。图 5-11 所示为减速的运动和变形情况。

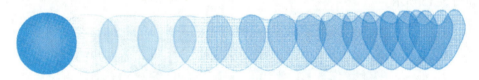

图 5-11

"属性"面板上的"混合"项中有"分布式"和"角形"两个选项。其中，"分布式"可使图形在变化过程中保持平滑，"角形"则在变化过程中更多地保持尖角和直线特征。

提示：此处应选择"分布式"。

（二）多个形状间的变形动画

在动作动画中，在同一图层的同一关键帧上只允许一个元件存在，在变形动画中却可以在开始和结束关键帧处绘制一个或多个形状来生成动画。

（1）在图层1的第1帧处绘制2个较大的心形，填充上红黑圆形渐变色，删除轮廓线并置于场景中部，如图5-12（a）所示。

（2）在图层1的第15帧处添加一个空白关键帧，并在场景中制作几朵大小不等的小花，并擦掉轮廓线，如图5-12（b）所示。

（3）单击图层1的第1帧，在"属性"面板上将"补间"项选为"形状"，这样就完成了多对多的变形动画制作，变形过程如图5-12（c）所示。从图5-12中可以看到变形动画中颜色的变化过程。

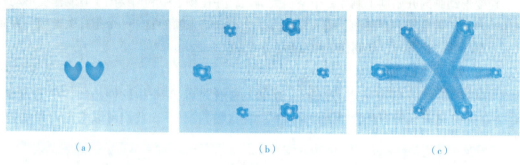

图 5-12

（三）线与线间的变形动画

变形动画也可制作线与线间的变形动画，线可以是封闭的，也可以是开放的。下面我们制作一个由蛋变成小鸭的线间变形动画。

（1）在图层1的第1帧处绘制一个椭圆形，不要填充，并放在场景中部。

（2）在图层1的第15帧处添加一个空白关键帧，在场景中部用"钢笔工具""铅笔工具"等绘制一个小鸭，不要填充颜色。

（3）单击图层1的第1帧，在"属性"面板上将"补间"项选为"形状"，其变化过程如图5-13所示。

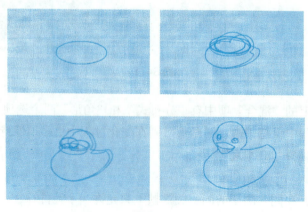

图 5-13

（四）文字变形动画

在变形动画中，开始和结束关键帧上都可以为文字。利用 Flash "工具"面板"文字工具"输入的文字本身不是形状，必须要按 Ctrl+B 键将其分离才能成为制作变形动画需要的形状。如果输入的是一个汉字或字符，按 Ctrl+B 键一次即可将文字分离为形状；如果输入的是多个汉字或字符，要按 Ctrl+B 键两次才能将其分离为形状。下面说明如何制作一个由文字到图形的变形动画。

（1）在图层1的第1帧处利用"文字工具"输入文字"心"，按 Ctrl+B 键将其分离，并利用填充工具填充上颜色。

（2）在图层1的第15帧处添加一个空白关键帧，利用绘图工具绘制一个心形，并填充上颜色。

（3）单击图层1的第1帧，在"属性"面板上将"补间"项选为"形状"。文字到形状的变形过程如图 5-14 所示。

图 5-14

（五）变形控制

在前面所讲的动画示例中，从起始形状到终止形状的变化过程完全由软件控制，中间可能会出现一些畸形过渡画面，使过渡过程很不协调。在这种情况下，我们可以采用人为加控制点的方法来控制变形的过渡过程，使过渡过程更加协调和自然。

（1）在图层1的第1帧处利用"文字工具"输入文字"P"，按 Ctrl+B 键将其分离。

（2）在图层1的第15帧处利用"文字工具"输入文字"C"，按 Ctrl+B 键将其分离。

（3）单击图层1的第1帧，在"属性"面板上将"补间"项选为"形状"。文字到形状的变形过程如图 5-15 所示。从图 5-15 中可看到，中间的过渡画面出现了较为严重的畸变，为了改善畸变程度，需要添加控制点。

图 5-15

（4）单击图层 1 的第 1 帧。按 Ctrl+Shift+H 键两次，添加两个形状控制点 a、b，用"移动工具"将它们分别移到 P 字母下端的左右两个角点；单击图层 1 的第 15 帧，将控制点移到 C 字母开口下端的左右两个角点，如图 5-16 所示。

图 5-16

（5）添加了控制点后的变形过程如图 5-17 所示。从图 5-17 中可以看到，过渡画面的畸变现象得到了明显的改善。

图 5-17

三、遮罩动画

在 Flash 动画软件的"时间轴"面板上可以制作一个遮罩图层，其他图层上的图形、动画如果被该层遮蔽，那么只有在遮罩图层上有图形的地方才能看见被遮罩图层上的图形或动画。遮罩图层上的图形或动画并不直接在动画中显示出来，而且图形或动画的填充颜色并不影响被遮罩图层上图形或动画的显示。

（一）静态遮罩动画

（1）在图层 1 的第 1 帧中导入一张纹理图片，按 Ctrl+B 键将其分离，将多余部分删除后转化为图形元件。

（2）在"时间轴"面板上单击"新建图层"按钮，建立图层 2，并在该层的第 1 帧输入文字"遮罩"。

（3）在图层 1 的第 1 帧处将纹理图片移动，使其与文字右端对齐，如图 5-18 所示。

图 5-18

（4）在图层 1、图层 2 的第 15 帧处插入一个关键帧，在图层 1 的第 15 帧处移动纹理图片，使其与图层 2 的文字左对齐，如图 5-19 所示。

（5）单击图层 1 的第 1 帧，在"属性"面板上将"补间"项选为"移动"。在图层 2 上单击鼠标右键，在弹出的快捷菜单中选择"遮蔽"命令，将该图层转化为遮罩图层，这时它就能发挥其遮罩作用了，如图 5-20 所示。

因为图层 1 的纹理图片在移动，所以被"遮罩"文字遮挡的纹理在不断地变化，从而形成了动态纹理文字的动画，按 Ctrl+Enter 键即可预览动态效果。

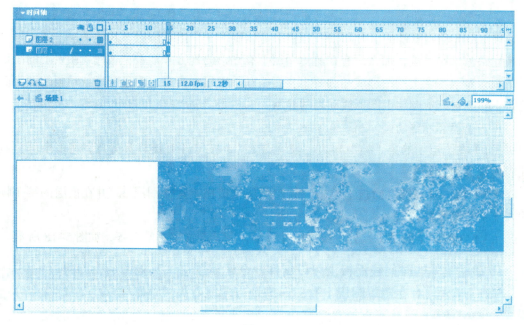

图 5-19

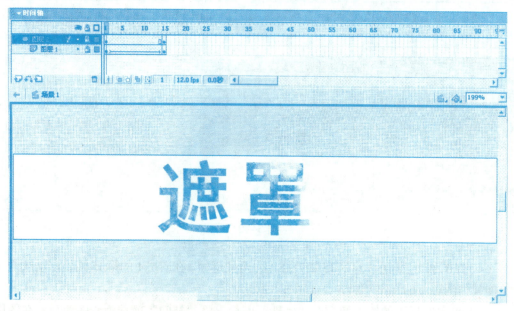

图 5-20

(二)动态遮罩

(1)在图层 1 的第 1 帧处导入一个视频文件,然后新建图层 2,并在第 65 帧处建立一个关键帧,导入另一个视频文件,两段视频间有一段时间重叠,如图 5-21 所示。

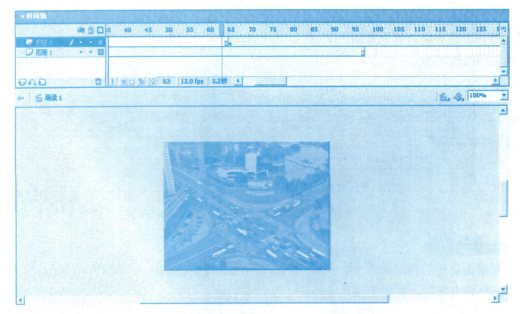

图 5-21

（2）新建图层 3，在第 65 帧处建立一个关键帧。在场景中绘制一个小圆，选择它后按 F8 键将其转化为图形元件。在第 97 帧处插入一个关键帧，利用"自由转换工具"将小圆拉大到覆盖住整个视频画面，然后单击第 65 帧，在"属性"面板上将"补间"项选为"移动"，创建出第 65~97 帧的动画，如图 5-22 所示。

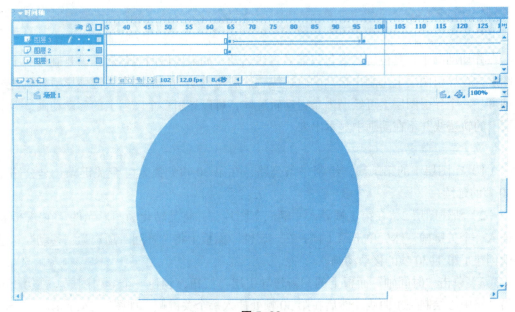

图 5-22

（3）鼠标右键单击图层3，在弹出的快捷菜单中选择"遮蔽"命令，将该层转化为遮罩层，得到的遮罩动画效果如图5-23所示。从测试动画可以看到，利用遮罩动画实现了两段视频的圈式转场。

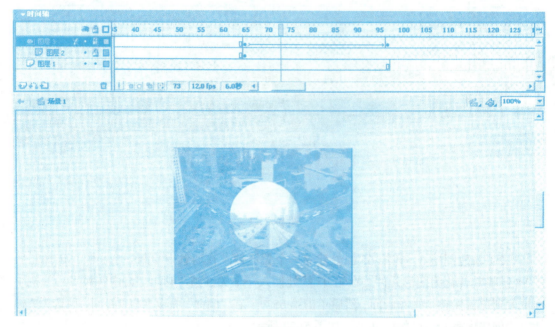

图 5-23

四、路径动画

在移动动画中，其位置的变化只能做直线运动。如果要做曲线运动，需要制作一个导引图层，在导引图层上绘制出运动的轨迹线，然后将移动动画的各个关键帧导引到轨迹线上即可。一个导引图层上可绘制多条运动轨迹线，可以导引多个图层上的移动动画；导引图层上的轨迹线并不在动画中显示出来。

（一）导引单层

（1）在图层1的第1帧，绘制一条公路，在第30帧处插入一个关键帧，是公路第1~30帧的延续。

（2）新建图层2，在第1帧导入一辆汽车图片，并将其转化为图形元件。在第30帧处插入一个关键帧，然后单击第1帧，在"属性"面板上将"补间"项选为"移动"，这样就创建了第1~30帧的移动动画。

（3）单击"时间轴"面板上的"新建导引层"按钮，创建一个导引图层。在第1帧处沿公路中心绘制一条曲线，然后在第30帧处插入一个关键帧，如图5-24所示。

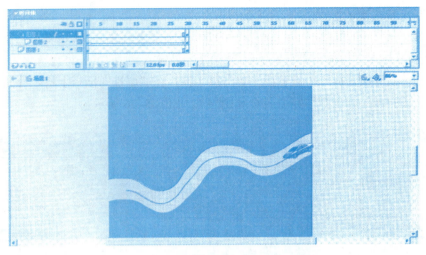

图 5-24

（4）单击图层 2 的第 1 帧，利用"移动工具"移动汽车，使汽车的中心点对齐导引线的右端点，完成第 1 帧上的导引。单击图层 2 的第 30 帧，按同样的方法将汽车导引到导引线的左端点。在实施导引的过程中，当汽车的中心点靠近导引线端点时有自动吸附功能。导引完成后，按 Enter 键预览动画，看到汽车已经沿着导引线移动，但汽车并没有随曲线改变方向，不符合实际情况，需要改进。

（5）移动时间游标，发现在第 6 帧处汽车第一次转弯，汽车的方向与公路方向不协调，因此要在图层 2 的第 6 帧处插入一个关键帧，并利用自由转换工具旋转汽车，使其与公路方向一致。继续移动时间游标，凡发现汽车方向与公路方向不协调处，就在图层 2 插入关键帧，并旋转汽车方向使其一致，完成后的动画如图 5-25 所示。

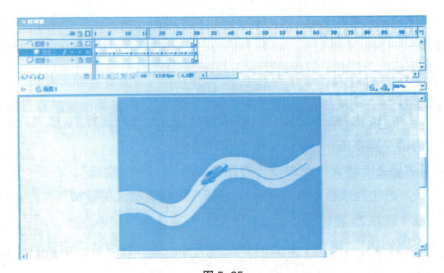

图 5-25

（二）导引多层

（1）在图层 1 的第 1 帧处导入准备好的背景图片，并在第 30 帧处插入一个关键帧。

（2）新建图层 2，将图层名改为 T，在第 1 帧处输入文字 T，并将它转化为图形元件。在第 15 帧、第 30 帧处插入关键帧后，单击第 1 帧，在"属性"面板上将"补间"项选为"移动"。按同样的方法制作好图层 C 和图层 L，如图 5-26 所示。

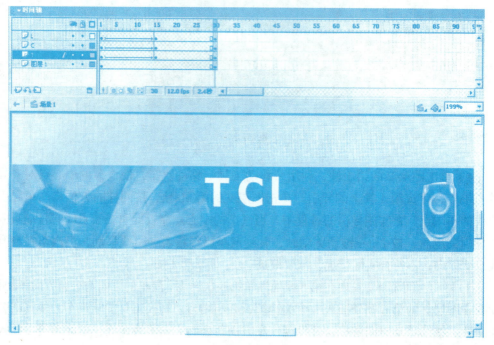

图 5-26

（3）单击"时间轴"面板上的"新建导引层"按钮，建立一个导引图层，并在第 1 帧处绘制一条导引曲线，然后复制两条，移动到合适位置。这时你会发现只有靠近导引图层的图层 L 被导引，而图层 T 和图层 C 没有被导引，时间线如图 5-27 所示。

图 5-27

（4）将图层 T 和图层 L 拖到导引层下，使其被导引，然后分别将图层 T、图层 C、图层 L 导引到左、中、右三条导引线的两个端点上，如图 5-28 所示。

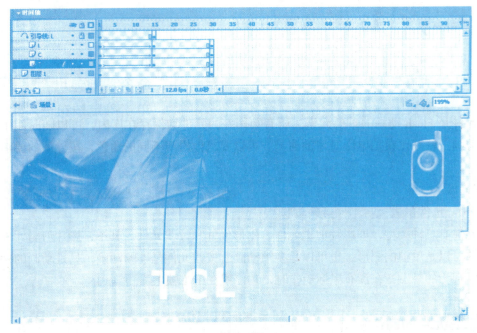

图 5-28

（5）在导引图层之上建立一个图层，将图层名改为"有限空间"，在第 1 帧处输入文字"有限空间"，将其转化为图形元件，再分别在第 25 帧、第 30 帧处插入关键帧，并在第 1~25 帧建立移动动画，调整第 1 帧和第 25 帧处的文字位置，使之形成从左移到中部的动画。按同样的方法再建立图层"无限沟通"，使文字形成从右移到中部的动画，完成后的动画如图 5-29 所示。

图 5-29

第三节　元件与实例制作

元件是 Flash 动画的重要元素。所有制作好的元件均保存在库内，可以随时使用它来制作动画，就好比在拍电影时请的演员，可以要求他扮演不同的角色，按导演的要求进行表演。

一、元件的类型

元件有三种类型，即影片剪辑元件、图形元件和按钮元件。其中，影片剪辑元件和图形元件可以是单帧的图形，也可以是多帧动画；按钮元件是 4 帧动画，只是动画的播放需要鼠标行为的触发，在没有鼠标动作时，它停留在第 1 帧上。

二、元件的制作

（一）新建元件

按 Ctrl+F8 键或在"插入"菜单—选择"新建元件"命令，弹出"创建新元件"面板，如图 5-30 所示。在面板上输入元件名称，选择元件类型后，单击"确定"按钮进入元件制作界面。

图 5-30

（二）制作元件

在影片剪辑和图形元件中，可以制作前面讲述的各种动画形式，其方法完全相同。图 5-31 所示是制作水波影片剪辑元件的实例。

按钮元件的制作有所不同，它只有 4 帧，只能按逐帧动画方式制作，不能制作前面讲述的动画方式。第 1 帧 Up（弹起）是按钮的正常显示状态，第 2 帧 Over（鼠标经过）是鼠标放到反应区内时的显示状态，第 3 帧 Down（按下）是鼠标在反应区内按下后的显示状态，第 4 帧 Hit（点击）是确定鼠标触发的位置及范围，在该帧上有图形存在的地方都是反应区。按钮制作的实例如图 5-32 所示。

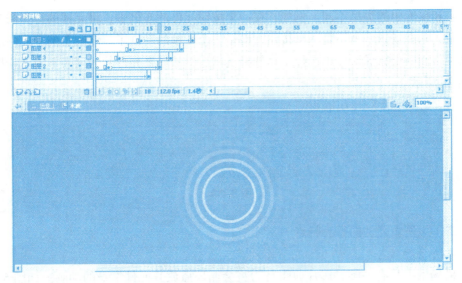

图 5-31

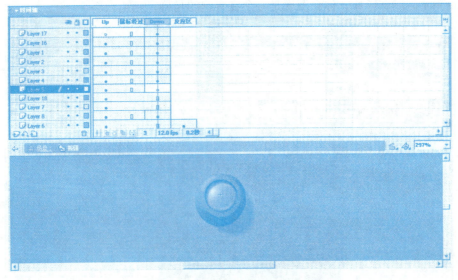

图 5-32

三、实例

制作好的元件都存储在库内，元件的使用也十分方便，只要把它从库中拖出即可，拖到舞台上就成为元件的一个实例，而元件本身仍保留在库中。

（一）实例中元件的行为设置

任何一个元件，从库中拖出后就是该元件的一个实例。默认情况下，实例中元件的行为和库中的元件一样。如果在库中是按钮元件，则实例中的元件就具有按钮行为；如果是影片剪辑元件，在实例中就具有影片剪辑的行为。如果需要，可以修改实例中元件的行为，使它和库中的类型不同。例如，在一个按钮元件的实例中，将元件的行为修改为影片剪辑后，它在场景中就不是一个按钮，而是一个 4 帧的动画了。修改实例中元件的行为在"属性"面板上完成，先用选择工具选择实例后，然后在元件行为列表框内选择即可，如图 5-33 所示。

图 5-33

（二）实例中元件的行为特点

1. 影片剪辑行为

如果场景中只有一帧，影片剪辑行为将会循环播放其元件本身的动画。如图 5-34 所示，将影片剪辑元件"马"从库中多次拖出，并用自由转换工具制作出不同大小的实例，按 Ctrl+Enter 键测试影片，你会发现是一个在奔跑的马群。

图 5-34

如果要将元件的动画作为场景中动画的一部分，则需要插入关键帧来延续时间，在这段时间内将循环播放动画元件中的动画。假如在第 30 帧处插入一个关键帧，由于"马"这个动画元件是一个 8 帧动画，因此在第 1~24 帧会 3 次循环播放马的奔跑动画，但第 25~30 帧只播放动画元件内第 1~6 帧的动画，第 31 帧开始便会播放场景中的其他部分动画。

2. 图形行为

在场景中只有 1 帧的情况下，如果实例中的元件具有图形行为，尽管元件本身是一个动画，它仍不会播放出动画来，只能停留在动画的某一帧上。要使元件的动画播放出来，必须插入关键帧进行时间延续，在延续的时间段内，可选择多种元件动画的播放方式，如图 5-35 所示。

图 5-35

如果选择"单帧"，在整个延续时间内将只播放 1 帧的画面，旁边的文本框可输入要播放的画面帧位；如果选择"播放一次"，则从选择的起始帧位开始播放，到元件动画的最后一帧后一直停留在那里，起始的位置在旁边的文本框中输入；如果选择"循环"，则循环播放元件动画，同时还可输入起始的画面帧位。在图 5-36 所示的动画中，实例中的元件行为均为图形，且循环播放，但每个元件的起始播放帧位不同，这样在第 1~40 帧的每一帧上每匹马的姿势不同，更符合实际情况。如果采用影片剪辑行为，每匹马在任何时候都具有相同姿势。

图 5-36

3. 按钮行为

如果实例中的元件具有按钮行为，那么无论元件本身的动画有多长，都只用前 3 帧来表现按钮的三种状态,第 4 帧为反应区。如果元件动画的长度不足 4 帧,则不够的帧与动画最后一帧相同。

四、实例的属性与变换

(一)属性

实例有亮度、色调、Alpha(透明度)三种属性,可同时修改一种或多种属性。要修改实例的属性,必须先选择实例,然后在"属性"面板上选取修改的属性项,如图 5-37 所示。不同关键帧上实例属性的变化可形成动画,这在前面的移动动画中已经有制作实例。

图 5-37

(二)变换

利用自由转换工具可对实例进行拉伸、压缩、放大、缩小、旋转、歪斜变换,也可利用"编辑"菜单—"转换"命令对实例进行水平翻转和垂直翻转。旋转和翻转变换会改变动画的运动方向。在图 5-38 所示的动画中,虽然动画元件"马"本身是从右向左奔跑的,但在场景中对右边的实例进行了水平翻转,测试动画时你会看到两匹马朝相反的方向奔跑。

图 5-38

五、元件的编辑及其对实例的影响

按 F11 键打开元件库,在库中双击要编辑的元件进入编辑状态,在这里可对元件进行编辑和修改。元件的编辑界面和元件的制作界面完全相同。

元件库中的元件被修改后,它的所有实例会随之发生变化,免去了逐个对实例进行修改的麻烦,极大地提高了动画的制作效率。在图 5-39(a)中两两一组手捧鲜花跳舞的小姑娘是一个动画元件的多个实例,要改变小姑娘手中鲜花的颜色,只需在动画元件中修改鲜花的颜色就可以了,如图 5-39(b)所示。

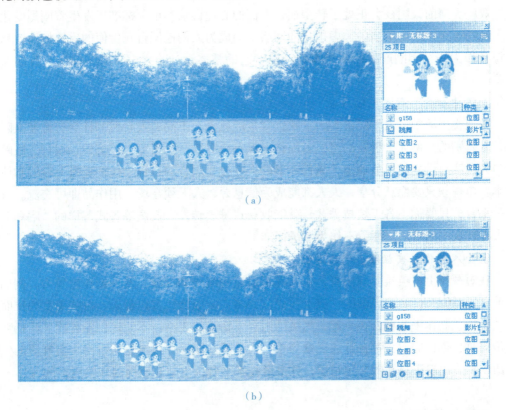

(a)

(b)

图 5-39

第四节　短视频

一、短视频的特征及优势

（一）短视频的特征

（1）短视频的时间长度基本保持在 10 分钟以内。

（2）整个视频内容的节奏比较快。

（3）视频内容一般比较充实、紧凑。

（4）比较适用于碎片化的消费方式。

（5）主要通过网络平台传播。

（二）短视频的优势

1. 符合现代人的使用需求

市场细分化竞争越来越激烈，每种媒介产品都以其特殊的功能定位在用户市场发挥着长尾效应。当前我国社会正处于转型期，人们的心理诉求和审美标准正发生着剧烈变化，许多规则还在探索变革当中。虚拟化的网络空间成为人们挖掘自我价值的重要场所，移动短视频作为一种刚刚产生的新型媒介产品，它的整体设计给人们带来了前所未有的新鲜体验。

2. 去中心化，彰显地位平等

在现实生活中，由于经济实力、家庭背景的悬殊，不同的人掌握的社会资源及人际待遇是有差别的。例如，现在的飞机、高铁上设有头等舱、商务舱、经济舱，银行、医院有专门为大客户设立的VIP通道，条件一般的人在接受服务的过程中往往要搭上时间和体力成本。短视频只要愿意分享，人人都能成为信息源，人无须在场，用作品即可交流。进入这一平台，只要你不吝于炫技秀艺，就能收获点赞、转发、截图等各式各样的"喝彩"，个人在现实中的阶层属性就不作为考量标准了。

3. 个人创作，发掘社会创作潜能

在短视频上，英雄不问出身，人人都可以成为编剧和导演，发挥创作想象力。例如，之前一段时间在抖音上风靡的"美女拉面"，将古装服饰、古典音乐、古装美女和拉面这一饮食特色制作手艺糅合在一起，另类的组合、精致的表演，不断地刷新各项关注指数。无论何时，创作的源头都在普通民众当中，人民群众能够并且愿意从自身丰富鲜活的生活经历中提炼出属于自己的文化精髓，并搭载技术平台，生动完整地展现给更多的人。

二、短视频的类型

（一）短视频的渠道类型

短视频渠道就是短视频的流通线路，按照平台特点和属性划分，可以细分为五种渠道，分别是资讯客户端渠道、在线视频渠道、短视频渠道、媒体社交渠道和垂直类渠道。

（二）短视频的生产方式类型

（1）UGC（User Generated Content）平台。用于普通用户自主创作并上传内容。普通用户是指非专业个人生产者。

（2）PUGC（Professional User Generated Content）平台。用于专业用户创作并上传内容。专业用户是指拥有粉丝基础的网红，或者拥有某一领域专业知识的KOL（关键意见领袖）。

（3）PGC（Professional Generated Content）平台。用于专业机构创作并上传内容，通

常独立于短视频平台。

三、短视频的制作

（一）短视频的制作过程

通常，一个短视频的制作流程分为以下三步。

1. 选题和脚本创作

选题就是视频定位，首先要清楚到底拍什么；然后，要解决的第二个问题是怎么拍。这就要创作脚本了，如要不要台词？要多少模特？每个镜头要怎样拍？台词要怎样讲？

脚本，其实就是整个拍摄流程，即是拍摄说明书，如选择在哪里拍，谁来拍，全都是由脚本来定的。

2. 拍摄

脚本确定后，拍摄就变得简单了，根据脚本中的一个个镜头去拍摄就可以了。当然需要准备器材道具，也要考虑画面该怎样拍。对于拍摄，专业的可以很专业，不太专业的，直接用手机＋手持防抖架也能拍。

3. 编辑

当所有的镜头都拍完之后，就要进行视频剪辑了。这要根据脚本去剪辑镜头，必要时需配上音乐和特效。

（二）电商短视频类型

1. 产品展示类

产品展示类电商短视频比较常见，成本较低，制作起来也非常简单，内容以展示产品的外观、功能为主。比较适用于家用电器、3C 数码、服饰、小商品等品类。

2. 场景测试类

场景测试类电商短视频比较适用于食品、美妆、服装、日用百货等品类，内容主要是产品的对比测评与使用场景的模拟。它与产品展示类电商短视频相比，脚本相对复杂一些，不仅要模拟使用场景，还要充分、客观地表达出产品的优点。这类电商视频不仅适用于电商渠道，还有很多创作团队通过此类视频进行电商变现。

3. 广告类

广告类电商短视频主要出现在电视、各大视频网站上的贴片广告，在电商渠道出现的概率也比较低，主要展示在产品的详情页，一般都是大厂商每次新品发布的时候用来做市场推广。

4. 文化类

文化类电商短视频，最经典的案例就是通过电商短视频构建了一个自营电商平台——一条生活馆，这不仅证明了通过短视频聚集同类人群进行电商变现的商业模式是可行的，而且这种模式的自营电商对用户的黏度是传统电商平台无法比拟的。

网络广告制作

知识回顾

本章主要介绍了位图的应用和处理方式、基本动画形式的制作方法、元件和实例的制作方法、短视频的制作方法。

位图的应用介绍了位图的引入、矢量化、利用位图填充以及分离位图的方法。

基本动画形式制作介绍了动作动画、变形动画、遮罩动画、路径动画的制作方法。

元件与实例介绍了元件的类型、制作方法、元件的实例、实例的属性与变换、元件的编辑及其对实例的影响。

短视频主要介绍了其特征和优势、类型及制作方法。

课后练习

1. 以"珍爱生命"为主题,利用 Flash 软件制作一则公益广告动画。
2. 为什么 Flash 动画成了当今网络广告动画的主流形式?
3. 请讨论:GIF 动画会在今后的网络广告中消失吗?
4. 如何制作短视频?

拓展阅读

网络视频广告存在的问题及对策

一、网络视频广告在发展中存在的主要问题

网络视频广告在发展中虽然呈现出强大的生命力,但是难免有一些缺陷和不足。

(一)网络视频广告搜索比较麻烦

不可否认的事实是,甚至在 YouTube,网络视频广告文章搜索需要的广告数据也会遇到一些要求网络视频广告的问题。因为其他网络广告,我们不能简单地使用一些关键字搜索,网络视频广告需要搜索视频广告的内容。虽然影片本身是网络视频广告,但其可能不会自动产生关键字。如果没有良好的网络技术支持是很容易产生不易搜索视频广告的现象的,那么靠网络视频,靠民众的人气而积攒起来的高点击、高浏览量广告很有可能因为不容易被搜索到而被人忘却。现在一些网站解决网络视频广告搜索的方法就是人工为视频添加标注。如果用户标注的网络视频广告语更精准,就更容易产生相关的网络视频广告。但是不同的人有不同的理解,关键词有时是不准确的。

(二)在信息传播中,容易出现违反法律规定的行为

有些网络视频广告由于过于追求轰动效应,导致违法行为时有出现。例如,一些网站

的记者、编辑凭借自己的正义感,在法律事件信息采集、传播中,仅凭一些细枝末节大肆宣扬,忽略了对事实材料的全面搜集;一些网民利用网络视频广告的匿名性、自由性的特点,在网上杜撰一些证据,使得一些法律问题"变质"。在正义感的心理驱使下,事件当事人的隐私、合法权益、人格、感受等统统被忽视了。所以,网络视频广告在法律事件传播中,凭借的是证据材料,出现的片面信息传播将误导广大受众,而意气用事的信息传播,也容易导致信息传播的事件失衡。

不仅是一些偏离事实真相的报道违反法律的规定,同时网络也成为一些不法网民制黄、贩黄、传黄的一种途径与手段。色情信息的混淆视听会引起严重的社会危害性,引发社会混乱,影响人们工作学习与正常的生活环境。

(三)网络信息具有可重复性和可追溯性

互联网像一个没有封顶的容器,只要是在互联网上出现过的信息,几乎会被永远保存,多年以后网民照样可以查询出来,或者继续扩充其中的内容。网络信息这种可重复性和可追溯性,为各个企业自动生成和建立了一份"危机档案",并通过长年累积,不断扩充和丰富新的内容。一方面,尽管企业的危机早已解除,但是对企业造成负面影响的信息仍有可能不断地被复制张贴,供人们浏览,无形中延伸了企业危机的追溯时间和持续时间,并为企业发生新的危机埋下了隐患。另一方面,网络视频广告通过搜索引擎技术,可以将成千上万个原本分散的话语聚集起来,形成强大的舆论浪潮,而建立在层叠联结、有序整合之后的信息,会迸发出更加巨大的褒扬或针砭能量。企业一旦发生新的危机,网民通过查阅企业的"危机档案",会将当前的新问题连同过去发生的一个个问题联系起来,危机不仅会被极力放大,而且会被再一次固化,产生多次提示和叠加效应,对企业造成更为严重的损害。

二、进一步规范网络视频广告发展的对策

(一)向全社会倡导和宣传网络道德

网络视频广告尽管存在于虚拟的网络世界,但作为一个大的系统,也应该有自己的道德规范。古今中外的实践表明,缺乏道德规范的系统都是短命的。当前,在我国网民活动中,出现了一些只注重自己发泄情绪,不理智留言、发表意见的现象。针对这种情况,应当从建立和谐社会,构建网络道德出发,增强对广大网民的网络行为教育,让他们在虚拟的网络环境中,做到自律、慎独、理性地发表意见,规范自身行为,倡导网络文明,提倡在互联网中养成良好的道德风尚。

(二)法制的健全与完善

法律是由国家制定或认可的,并保证以国家力量、公民的权利和义务为内容,是具有普遍约束力的社会规范。作为社会规范,法律制度的完善可以很好地约束人们的行为,有效地防止违法犯罪行为的发生。但近十年的蓬勃发展表明,网络视频广告存在许多法律空白,所以让一些人有机可乘,"人肉搜索"和其他类似的侵犯个人隐私的现象时有发生。虽然2010年7月1日开始实施的《中华人民共和国侵权责任法》明确规定了网络用户和

网络服务提供者侵犯公民的权利和利益，应当承担侵权责任，但它仍然是不够的。网络侵权不同于一般民事侵权行为，由于互联网的匿名性，很难找到在广袤的网络中寻找真正的侵权者。"有明确的被告"是《中华人民共和国民事诉讼法》的规定，是起诉的必要条件之一，不能追究侵犯版权的侵权责任。此外，《中华人民共和国侵权责任法》对网络侵权的行为如何定义没有明确的规定。由于网络视频的匿名性和虚拟性，网络视频报道更加夸张，肆无忌惮，不计后果，出现了各种形式的网络谩骂，有的网络报道者打着"正义"的旗号声讨各种自认为不满的社会现象，片面地强调个人思想，不计无辜者的感受和权益，刻意地进行网络攻击（称之为"网络暴力"）。总的来说，国家应当尽快出台有关网络视频的专门法律、法规，系统地对网络视频下人们的行为进行规范，明确规定侵权行为应当如何认定，侵权行为发生后应当如何维护自己的权利以及相关侵权行为应当受到怎样的处置，等等。只有这样网络视频广告才能为社会的发展创造有利的条件，否则将引起社会的混乱，从而阻碍国家政治、经济、文化的发展。

（三）舆论的引导

网络视频广告在为我们争取权利的同时，也使整个社会心理倾向"碎片化"。每个人都有一个高度独立的思维模式，传统媒体在场中所存在的舆论主要汇集点消失在独立的个体中，这就使得不法分子极易通过散布谣言来控制人们的思想，从而引起社会的恐慌。面对这样的形势，国家应当采取措施予以应对，将舆论导向的主动权始终控制在自己手中，以维护社会的稳定与和谐。

笔者认为国家加强网络视频广告引导舆论应从以下两个方面着手。一方面，增加各个网站的建设和管理。虽然网络视频广告中的自媒体拥有巨大的影响力，但门户网站的新闻和信息的发布仍具有较高的权威性。因此，国家应该牢牢地把握这一点，增强对门户网站的建设和管理，使门户网站可以更及时地报告事实，而官方网站也应及时通过门户网站发布信息，明确各方的责任，避免共同的责任混淆，从而能够将主动权掌握在自己手中。另一方面，国家可以通过网络视频广告从媒体的认可等方式来引导舆论走向。例如，对年度十佳博客、微博进行评选，而所谓的"十佳"则包括社会主义核心价值观传播，具有积极的因素。随着评选结果的公布，人们就会加以关注，久而久之便会成为思想的汇集处，从而使得舆论导向有利于社会主义的发展，有利于国家的稳定。

（四）门户网站的自律

门户网站在网络视频广告中的地位早已在前面的论述中提到，作为网民会走进网络视频广告的导航——它具有相对较高的权威性以及较大的影响力，因而门户网站的管理是网络视频广告管控的一个非常重要的方面。

管理从内容上可以分为"自律"和"他律"，而对于门户网站的管理也应该是这两个方面。《中华人民共和国侵权责任法》中严格规定了互联网服务提供者的侵权责任，国家应对网络服务提供商——门户网站进行严格的监督和管理。虽然国家监督可以有效地防止网络侵权行为的发生，但要对门户网站进行管理从根本上取决于门户网站的自律。

（五）发挥企业网站的沟通交流渠道功能

在现实生活中，消费者获取信息的首选途径是网络，企业网站成为面向消费者的第一张名片。企业网站不仅是传播企业文化和理念的窗口，更是企业与消费者和媒体沟通的平台。企业应当高度重视公司网站建设，通过企业网站及时发布各种相关信息，特别是危机发生后，不论是子虚乌有还是真有其事，都必须在第一时间在企业网站上明确公布企业对危机的态度和处理危机的措施；通过企业网站，建立起企业与消费者、企业与媒体顺畅的沟通渠道，注意倾听消费者和媒体的意见和诉求，通过坦诚对话及时化解企业与消费者、企业与媒体的矛盾，消除外界对企业的疑虑，展现企业对消费者负责任的形象。

网络广告发布与测评

【知识目标】
1. 了解网络广告发布的要求、流程和相关工作和发布的途径。
2. 掌握网络广告测评的概念、特点、指标和相关概念。

【技能目标】
1. 能根据网络广告发布的要求、流程和相关工作、发布途径发布网络广告。
2. 能用相关指标对网络广告进行测评。

【知识导图】

第一节 网络广告发布

一、网络广告发布的要求

网络广告发布的要求指网络广告在发布前对其内容、组件、运行属性、定位等各方面的形式要求。

（一）广告内容要求

《中华人民共和国广告法》规定：广告应当真实、合法，符合社会主义精神文明建设的要求。广告不得含有虚假的内容，不得欺骗和误导消费者。广告主、广告经营者、广告发布者从事广告活动，应当遵守法律、行政法规，遵循公平、诚实信用的原则。广告内容应当有利于人民的身心健康，促进商品和服务质量的提高，保护消费者的合法权益，遵守社会公德和职业道德，维护国家的尊严和利益。当然，各类广告法规中还有很多、很详尽的约定与规范。

（二）广告组件要求

网络广告的播放形式基本分为视窗、浮层、超载、推移、扩展、特殊、插播等。广告组件是网络广告的具体组成部分，一般应包括主画面、辅助画面和前导图等。

（三）运行属性要求

运行属性要求是指网络广告运行中涉及的各种素材属性要求，包括尺寸、容量、文件格式、功能按钮、帧率、时长和透明度等。

（四）广告定位要求

广告定位要求是指网络广告播放时的具体位置要求，主要包括广告位、悬浮移动特性和页面定位参照等。

二、网络广告发布的基本要素和相关工作

（一）网络广告发布的基本要素

网络广告发布主要涉及三方，即广告主/代理商、媒体（网站）和技术提供商，发布过程由三方互相协作完成。网络广告发布过程中涉及的基本要素主要包括排期表/投放单、素材、链接地址。

1. 排期表/投放单

广告主发布广告的具体计划安排，是广告发布所必需的基本信息。排期表/投放单经过媒体确认后，将以投放单的形式固定下来。

2. 素材

素材特指广告主需要发布的具体广告内容，一般指平面或动画创意作品，也可能是原始的平面、视频、音频文件素材。这些素材供广告代理进行加工处理或者进一步提升创意，完成广告 Demo（样片）的制作。

3. 链接地址

链接地址是指广告主希望用户通过单击广告后到达的页面地址。网页链接地址可以是广告主的站点，也可以是相关广告活动或产品的新闻页面。有些广告代理商为了便于监测和统计，会在客户的链接地址前加上一串第三方统计的监测代码。

（二）网络广告发布的主要内容

无论是与客户确认的排期表，还是与媒体确认的投放单，均包括广告位、广告形式、发布形式、定向方式、发布档期等主要内容。

1. 广告位

广告位又称为广告版位，即广告所在页面或计算机屏幕上的具体位置。一个网站的某一个频道或客户端可包含多个广告位。广告位可以单独使用，也可以多个结合使用。常见的富媒体广告位包括视窗、浮层、固定浮层、固定广告位（通栏/画中画等）、浮动广告

位（浮标、对联等）及其他特殊广告位。广告位可以用名称、说明、"URL+截图"和尺寸来定义，基本属性包括尺寸和容量信息。尺寸通常以宽×高表示，单位为像素（px），容量通常用 KB 或 MB 做单位，其最小的基本单位是字节（byte，一般简写为"B"），其换算值为 1KB=1024B，1MB=1024KB。

网络广告的广告位如图 6-1 所示。

图 6-1

2. 广告形式

根据广告的不同呈现方式，网络广告会表现出不同的形式。例如，富媒体广告中的视频类广告有标准的视频形式、画中画形式、产品外形形式、焦点视频形式等；扩展类广告有下拉扩展、上升扩展、撕页扩展、扩展视频及自定义扩展等；浮层类广告有消失型（包含全屏尺寸）、重播型等。

3. 发布方式

由于营销方式不同，网络广告会产生不同的发布方式，主要有按天发布、轮播、CPM 控量、CPC（每点击成本）控量等。

4. 定向方式

根据广告主对广告发布的精准度要求，广告可进行按关键词、地域、行为等不同方式定向的发布，这是网络广告相比传统广告所具有的一大优势。网络广告将精准发布变为可能，便于广告主低成本、高效率地寻找到目标受众。

5. 发布档期

发布档期，即发布的具体日期。根据不同的广告位，每日广告播放的起止时间也有差异。一般常见时段为早上 9：00 到次日早上 9：00 及 0：00 至次日 0：00 两种，也有个别不满 24 小时的发布时段，如某些网站的浮层广告发布时段为每日 9：00 至 13：00。

（三）网络广告发布的相关工作

在客户对媒介 Demo 提案认可并经过媒体审核后，网络广告进入发布环节，这一环节涉及媒体购买、上线技术处理、效果评估和后续建议等相关工作。

1. 媒体购买

网络广告要实现最终的展示，必须依托网络媒体的网站页面，因此网站广告位购买成为网络广告发布的关键工作之一。目前网络广告的媒体购买方式主要有以下几种：

（1）直接购买网站广告位。目前国内各大门户网站都已明确给出广告位信息，以备各企业和广告代理商直接洽谈购买。

（2）按照 CPM 购买网站相应频道或页面。针对一些特殊的网络广告形式，可与网站协商 CPM 价格，购买整个网站或某个栏目，依据统计数据在发布结束后核算媒体成本。按 CPM 购买相应频道或页面的广告如图 6-2 所示。

图 6-2

（3）买断媒体广告位是指买断某一个媒体广告位至少一年时间，在购买期限内，该广告位只用于购买者的网络广告发布。

2. 上线技术处理

由于众多网络广告采取加载动画、声音、视频影像等大容量信息的广告形式，广告信息量不断增加，因此在网络广告发布过程中需要采取特殊的压缩及加载技术。目前的网络技术可以做到在普通网速下快速加载和清晰、流畅地播放大容量的网络影音广告，以保证网络受众对网络广告的浏览体验。同时不同形式的网络广告需要不同的监测代码提供服务。由于网络广告形式多样，也需要不同的数据标准对应。上线技术处理的广告如图 6-3 所示。

3. 效果评估

效果评估是网络营销的一个重要组成部分，网络广告发布在排期上的结束并不意味着营销活动的结束，在一个特定的网络广告营销结束后，需要根据后台的统计数据进行全面、详细的效果评估，主要包括以下内容：

（1）发布情况概述。

从发布费用、时间、网站栏目、广告形式等方面对本次发布活动进行整体概述。

网络广告制作

图 6-3

（2）发布费用分析。

根据统计数据，直观地反映广告费用在发布期内的分配情况。

（3）媒介表现效果。

媒介表现效果包括：网站、栏目费用分配情况；网站、栏目日均曝光量情况；网站、栏目平均点击率情况。

（4）广告形式效果。

广告形式效果包括所有发布广告形式的费用分配、日均曝光量、平均点击率等。

（5）广告关键词效果。

匹配广告的关键词效果包括各种关键词的曝光率和点击率。

4. 后续建议

后续建议是对整个广告发布情况进行全面分析之后，对广告主的后续发布提出参考性建议，包括：本次发布活动对于实现营销目的所发挥的积极效果；媒体组合、广告形式是否适当；发布时间是否合适；费用分配是否合理；改进措施；等等。

三、网络广告发布的途径

网络广告发布有较多途径和方式，各有优势，广告主应根据自身情况和网络广告的目标定位，选择适合的发布途径和方式。

（一）企业主页

企业主页是企业形象和产品的良好宣传工具。从长期发展来看，企业主页也会像企业的地址、名称、电话一样，是独有的，是公司的标识，是公司的无形资产。

（二）网络内容服务商

网络内容服务商如新浪、搜狐、网易等，它们提供了大量互联网用户感兴趣并需要的免费信息服务，包括新闻、评论、生活、财经等方面的内容，是网上较为引人注目的站点。这样的网站是网络广告发布的主要阵地。

（三）专门销售网

专门销售网是一种专门用于产品在互联网上进行集中销售的网站。访问这样的网站，消费者只要在一张表单中填上所需商品的类型、型号、制造商、价位等信息，然后搜索就可以得到所需要商品的各种详细资料。

（四）企业名录

企业名录是由互联网服务商或政府机构将一部分企业信息融入主页中。例如，香港商业发展委员会的主页中就包括汽车代理商、汽车配件商的名录，只要用户感兴趣，就可以通过链接进入相关企业的主页。

（五）免费 E-mail 服务

在互联网上有许多服务商提供免费的 E-mail 服务，利用这一服务，能够帮助企业将广告主动发布至使用免费 E-mail 服务的用户手中。

（六）黄页

在互联网上有部分专门查询检索服务的网站，如 Yahoo、Infoseek、Excite 等，这些站点就如电话黄页一样，按类别划分，便于用户进行站点的查询。在黄页上发布广告的优点：针对性强，查询过程以关键字区分；处于页面的明显处，醒目、易于被查询者注意，是用户浏览的首选。

（七）网络报纸或网络杂志

随着互联网的发展，国内外一些著名的报纸和杂志纷纷在互联网上建立自己的主页，更有一些新兴的报纸或杂志，放弃了传统的"纸"媒体，完完全全地成为一种"网络报纸"或"网络杂志"，访问的人数不断上升。对企业来说，在这些网络报纸或杂志上做广告，也是一个较好的传播渠道。

（八）新闻组

新闻组是人人都可以订阅的一种互联网服务形式，阅读者可成为新闻组中的一员。成员既可以在新闻组上阅读大量的公告，也可以发表自己的公告，或者回复他人的公告。新闻组是一种很好地讨论和分享信息的方式。广告主可以选择与本企业产品相关的新闻组发布广告，是一种非常有效的网络广告传播渠道。

第二节　网络广告测评

一、网络广告测评的概念

网络广告测评有助于广告客户了解网络广告的实效或受众的需求，进而以更优的产品、更好的服务来吸引目标受众，是广告活动中极为重要的一环。

网络广告测评具体是指对网络广告传播效果的测评。网络广告活动实施以后，根据一定的

方法和指标，采用一定的操作程序，通过对广告活动过程的分析、评价，进行确定的数量化测算，以检验广告活动是否取得了预期效果。广告主通常都追求最具性价比的投入，都希望通过网络广告达到尽可能高的收益。因此，网络广告测评在网络商务活动中越来越受到重视。

二、网络广告测评的特点

由于网络广告平台的技术成熟和可控，网络广告的测评更具有可操作性。网络广告测评具备技术上的优势，有效地克服了传统媒体在测评方面的不足，主要特点如下。

（一）及时

网络的交互性使得受众（现实消费者或潜在消费者）可以在浏览访问广告站点时直接在线提交意见、反馈信息，能够在线发送 E-mail 或者利用邮件列表发送信息，提供反馈。广告主则可以立即了解到广告信息的传播效果和受众的看法，在更短的时间内了解受众需求，并与其进行交流。这种优势使得网络广告测评不仅及时而且直观。

（二）客观

网络广告效果测评不需要更多人员参与访问，避免了调查者主观意向对被调查者产生影响。因而得到的反馈结果更符合被调查者本身的感受，信息更可靠、更客观。

（三）广泛

网络广告效果测评能够在网上大面积展开，参与调查的样本数量大，针对性强，测评结果的正确性与准确性大大提高。

（四）经济

就传统媒体而言，网络广告效果测评成本低，耗费人力、物力少，费用最低，这是网络广告测评的最大优势。

三、网络广告测评的常用指标和相关概念

（一）网络广告测评的常用指标

网络广告测评的常用指标有广告展示量、广告点击量、广告到达率、广告二跳率、业绩增长率和广告转化率。

1. 广告展示量

网络广告的一次显示，称为一次展示，以此为统计单位统计网络广告的总体显示数据为广告展示量。统计周期通常有小时、天、周和月等，也可以按需设定。被统计对象包括 Flash 广告、图片广告、文字链广告、软文、邮件广告、视频广告、富媒体广告等多种广告形式。展示量一般为广告投放页面的浏览量，通常反映广告所在媒体的访问热度。网络广告展示量的统计是网络广告 CPM 付费的基础。

2. 广告点击量

网民点击广告的次数，称为广告点击量。统计周期通常有小时、天、周和月等，也可

以按需设定。被统计对象包括 Flash 广告、图片广告、文字链广告、软文、邮件广告、视频广告、富媒体广告等多种广告形式。广告点击量与产生点击的用户数（多以 cookie 为统计依据）之比，可以初步反映广告是否含有虚假点击。广告点击量与广告展示量之比，称为广告点击率，该值可以反映广告对受众的吸引程度。网络广告点击量通常反映广告的投放量，广告点击量统计是 CPC 付费的基础。

3. 广告到达率

广告到达率是指受众通过点击广告进入被推广网站的比例。统计周期通常有小时、天、周和月等，也可以按需设定。被统计对象包括 Flash 广告、图片广告、文字链广告、软文、邮件广告、视频广告、富媒体广告等多种广告形式。广告到达量与广告点击量的比值称为广告到达率。其中，广告到达量是指网民通过点击广告进入推广网站的次数。广告到达率通常反映广告点击量的质量，是判断广告是否存在虚假点击的指标之一。此外，广告到达率还能反映广告登录页面的加载效率。

4. 广告二跳率

广告二跳率是通过点击广告进入推广网站，在网站上产生了有效点击的比例。统计周期通常有小时、天、周和月等，也可以按需设定。被统计对象包括 Flash 广告、图片广告、文字链广告、软文、邮件广告、视频广告、富媒体广告等多种广告形式。广告带来的用户在登录页面上产生的第一次有效点击称为二跳，二跳的次数即二跳量。广告二跳量与广告到达量的比值称为二跳率。广告二跳率通常反映广告带来的流量是否有效，是判断广告是否存在虚假点击的指标之一。此外，广告二跳率还能反映广告登录页面对受众的吸引程度。

5. 业绩增长率

业绩增长率是指对一部分直销型电子商务网站，评估他们所发布的网络广告最直观的指标，也就是网上销售额的增长情况，因为网站服务器端的跟踪程序可以判断买主是从哪个网站链接而来的、购买了多少产品、购买了什么产品等情况，对于广告的效果有直接和准确地评估。

6. 广告转化率

广告转化率是指通过点击广告进入推广网站，访问者升级为注册用户或购买用户的比例。统计周期通常有小时、天、周和月等，也可以按需设定。被统计对象包括 Flash 广告、图片广告、文字链广告、软文、邮件广告、视频广告、富媒体广告等多种广告形式。转化标志一般指某些特定页面，如注册成功页、购买成功页、下载成功页等。而这些页面的浏览量称为转化量。广告用户的转化量与广告到达量的比值称为广告转化率。广告转化量的统计是进行 CPA（Cost Per Action，即每行动成本，根据广告转化收费，如按每张订单、每个注册用户收费）、CPS（Cost Per Sale，即按销售付费，以实际销售品数量来计算广告费用付费的基础。广告转化率通常反映广告的直接收益。

（二）网络广告测评的相关概念

网络广告测评的相关概念包括如下。

网络广告制作

1. 访问

上网者进入站点对服务器进行系列的请求就形成了访问。一个网络用户访问某站点的时间长度称访问长度。与之相关的概念包括如下：

（1）页面浏览是指上网者对页面内容的访问。

（2）页面浏览数是指某一个服务器成功传递的页面被请求的数量。通俗地说，页面浏览数，又称页面流量、访问流量，是指浏览某一页面的人次。页面浏览数不能用未判断上网者看到的一个页面上的确切的信息量，因为上网者进入某一个页面，可以关掉图片显示，甚至根本没有看到页面上的某些内容（包括标题广告）。

2. 访问者

访问者，即一个与网站有交互操作的个人。通俗地说，访问者，又称访客，是指访问某一网站的用户。当网站收集了访问者的详细资料（如姓名、年龄、性别、职业、收入、访问频率、访问路径）时，访问者对广告主的价值就增加了。相关的概念有"唯一访问者"。唯一访问者是指在某一特定时间内第一次进入网站，具有唯一访问者标识（唯一地址）的访问者，这一特定时间一般为一整天。

3. 广告浏览数

广告浏览指上网者观看网页中的广告。广告浏览数，又称广告印象数，是指某一页面上的某一广告可能被看到的人次。由于许多页面不止一个广告，广告可能位于页面的最上方，也可能位于页面的其他位置，因此一个站点的广告浏览的总数要比页面浏览总数要大。

4. 点击与点击率

受众用鼠标单击一个热键的标题或按钮，进入另一个页面（通常是广告主的页面），称为点击。点击率是指受众中不满足于浏览广告，想了解更多信息而进一步点击广告的人所占的比例。现有的网络技术对这一部分受众的比例很容易统计。点击率是网络广告效果最基本的评价指标，也是反映网络广告效果最直接、最有说服力的量化指标。

5. 回应率与购买率

回应率又称交互率，指受众中点击广告、到达目的页面之后做出反应的人的比例，显示的是点击者对页面所介绍的产品的兴趣有多大。对广告主来说，回应率比点击率更重要，因为回应常常意味着购买行为的产生，回应率可作为辅助性指标来评估网络广告的效果。购买率是指受众中受广告影响进而采取购买行为的人所占的比例，由于受众可以是离线购买也可以是在线购买，因此较难统计。

知识回顾

本章主要介绍了网络广告发布的要求、流程和相关工作及途径；介绍了网络广告测评的概念、特点、指标和相关概念。

网络广告发布的要求包括内容、组件、运行属性及定位方面的要求。

网络广告发布的基本要素包括排期表/投放单、素材和链接地址，重点介绍了排期表。

网络广告发布的相关工作包括媒体购买、上线技术处理、效果评估、后续建议。

网络广告发布的途径包括企业主页、网络内容服务商、专门销售网、企业名录、免费 E-mail 服务、黄页、网络报纸或网络杂志及新闻组。

网络广告的测评的内容包括其概念、特点、常用指标和相关概念。

1. 简述网络广告发布的要求。
2. 网络广告发布有哪些途径？
3. 简述网络广告测评的相关指标。

网络广告要注意心理效果测评

计划、实施、评价是经营管理的三个步骤，一般人都注重计划与实施，却忽略了评价，这一点在广告界尤为突出。一般广告主只知投资广告，认为广告有助于产品行销，就一味地追求大创意、大制作，但对于花了大笔广告费究竟发挥多大效果，有没有引起消费者的注意、使消费者产生好感、最终影响消费者的购买行为等方面却很少过问，这对于以秒计费、挥金如土的广告业来说是极不正常的。

随着网络广告的迅猛发展，迫切要求建立一个科学、合理的评估体系，以保证提高网络广告的质量，吸引消费者、打动消费者、促使消费者最终下定决心进行购买，保证网络广告能够最好地达到目标，从而使网络广告健康、持续地发展。

一、网络广告测评现状

网络广告相对于传统媒体广告，一个很大的特点就是易统计性。互联网的互动性使网络广告效果测评更加及时、方便，很容易统计出每条广告被多少用户看过，以及这些用户浏览这些广告的时间分布等。目前网络广告效果测评方式主要有以下几种形式。

（一）通过服务器端的访问软件随时进行监测

访问软件监测方式使用一些专门的统计软件对广告进行分析，生成详细的报表。通过这些报表，广告主可以随时了解在什么时间、有多少人访问过载有广告的页面，有多少人通过广告直接进入广告主自己的网站。

（二）通过查看客户反馈量

通过统计 HTML（Hyper Text Markup Language）表单的提交量以 E-mail 的数量在广告投放后是否大量增加来判断广告投放的效果。

（三）通过专门广告测评机构进行权威监测

传统广告一般都由专业机构通过统计收视率、收听率、发行量来衡量一家媒体的优劣。而网络广告效果监测是一个全新的领域。目前美国IAB和一些Web评级机构就迎合这一需求，希望能够充当权威检测人的角色。我国目前还没有专门的网络广告检测机构，CNNIC（中国互联网信息中心）前不久为搜狐担任过访问流量公证人的角色，标志着我国网络监测机构处于萌芽状态。

二、目前网络广告测评的不足

目前的网络广告测评大多是以载有广告的网页的浏览率及广告的点击率来作为标准，网络广告的收费也都是采用CPM，即广告经由某一媒体传达到1000人的单位成本和点击收费方式。但这些方法也存在着明显的不足。

（一）浏览率

当网民在网上漫游或在导航网站上检索时，插在页面中的图标广告的确会给浏览者留下一定程度的视觉印象，但仅此而已，浏览者只是看，没有形成点击行为。某页被调阅时，浏览者并不一定会看到你的图标，因为有些人为了提高浏览速度而将显示图形的功能关闭掉。同时，有些人的注意力不在图形上，即使瞥见了，也并未在脑海中留下任何印象。

（二）点击率

对于广告商与网站来说，点击方式计费也显不公。因为一个广告点击率的高低在很多时候不是网络广告本身的问题，它和产品品牌效应和网站本身的知名度有关。在同一个网页的同一位置和大小的旗帜广告，大电脑公司IBM的广告就比小电脑公司广告有更多的点击。因为IBM本身就有更高的知名度。同一个广告在雅虎上的点击率肯定高于一般网站上的点击率。

三、网络广告要注重心理效果测评

目前的网络广告测评标准大多没有考虑互联网作为媒体的复杂性，大多是从如何计费的角度来制定的，没有充分考虑消费者对广告的反应，没有考虑网络广告的心理效果。我们说，网络广告和传统媒体广告一样，都是一个信息传播的过程。消费者接触网络广告同样也会产生认知、情感、态度、行为等心理效应，但网络广告又是一个新兴的媒体广告，它有自己独特的手段和技术，对消费者的心理有着独特的影响效果。网络广告心理效果应包括认知过程、情感过程、意志过程和交互过程四个部分。网络广告先作用于消费者的感觉器官，经过无意注意或有意注意被感知，进而进行辨别、理解、产生记忆、发生想象，进行思考评价。伴随着认知过程，消费者会对广告或宣传的商品产生各种情绪、情感体验，同时这种情绪、情感反过来又影响消费者对广告的点击情况，从而对认知过程产生直接的影响。在认知过程中还受到消费者的需要、兴趣等个性心理特征的交互作用。在认知过程、情感过程、交互作用的基础上，消费者可以确立对广告及其所宣传商品的态度，然后对是否购买广告产品做出决定，产生购买意图，最后点击鼠标，产生购买行为。网络广告独特的心理效应要求网络广告主、广告商充分考虑消费者的心理，满足消费者的需求，策划、制作出能吸引消费者注意，使消费者产生积极情感，深入点击的优秀广告作品。而对网络广告的评价我们也应充分考虑其心理效果，不能简单地以浏览率、点击率对其做最终评价。

第七章 网络广告案例分析

【知识目标】
1. 熟练掌握 Photoshop 软件和 CorelDRAW 软件的使用方法。
2. 熟练掌握网络广告设计的步骤。

【技能目标】
1. 能够利用 Photoshop 软件制作网络广告图片。
2. 能够利用 CorelDRAW 软件进行文字处理和排版。

【知识导图】

第一节 豆浆机广告

一、案例分析
本案例是为豆浆机厂商设计制作的豆浆机销售广告，主要体现产品所用的材质、配件和功能。在广告设计上要求能够通过产品图片和文字说明表现出产品的主要特点和功能特色。

二、设计理念
在设计制作过程中，通过景色图片展现出自然健康的主题。右侧放大的产品图片形成了画面的视觉中心，突出宣传主体。通过对小图片的编辑展示出产品强大的功能。最后添加文字使整个设计醒目突出，识别性强。

三、操作步骤

（一）应用 Photoshop 软件制作背景图

（1）按 Ctrl+N 键，新建一个文件：宽度为 40 厘米，高度为 17 厘米，分辨率为 100 像素/英寸，颜色模式为 RGB，背景内容为白色，单击"创建"按钮。

（2）按 Ctrl+O 键，打开背景图片，选择"移动工具"，将图片拖拽到图像窗口中适当的位置并调整其大小，效果如图 7-1 所示。在"图层"面板中生成新的图层并将其命名为"场地"。

图 7-1

（3）选择"滤镜"—"渲染"—"镜头光晕"命令，在弹出的对话框中进行设置，如图 7-2 所示。单击"确定"按钮，图像效果如图 7-3 所示。

图 7-2

图 7-3

153

(4)单击"图层"面板下方的"创建新的填充或调整图层"按钮,在弹出的菜单中选择"色阶"命令,在"图层"面板中生成"色阶1"图层,同时在弹出的"色阶"控制面板中进行设置,如图7-4所示。按Enter键确认操作,图像效果如图7-5所示。

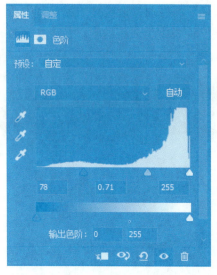

图7-4

图7-5

(5)按Ctrl+O键,打开黄豆图片,选择"移动工具",将黄豆图片拖拽到图像窗口中适当的位置,并调整其大小,在"图层"面板中生成新的图层并将其命名为"黄豆"。按Ctrl+T键,在控制框中单击鼠标右键,在弹出的快捷菜单中选择"水平翻转"命令,将图像水平翻转并向右移动。按Enter键确认操作,图像效果如图7-6所示。单击"图层"面板下方的"添加图层蒙版"按钮,为"黄豆"图层添加蒙版,如图7-7所示。

图7-6

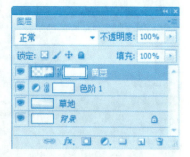

图7-7

(6)选择"画笔工具",在属性栏中单击"画笔"选项右侧的按钮,弹出"画笔选择"

面板,在面板中选择需要的画笔形状,如图 7-8 所示。在图像窗口中进行涂抹,涂抹的区域被隐藏,图像效果如图 7-9 所示。

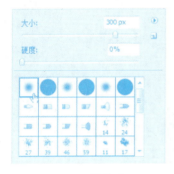

图 7-8　　　　　　　　　　　　　　　图 7-9

(7)按 Ctrl+O 键,打开豆浆机图片,选择"移动工具",将豆浆机图片拖拽到图像窗口中的适当位置,并调整其大小,效果如图 7-10 所示。在"图层"面板中生成新的图层并将其命名为"豆浆机"。

(8)单击"图层"面板下方的"添加图层样式"按钮,在弹出的菜单中选择"投影"命令,弹出"图层样式"对话框,选项的设置如图 7-11 所示;单击"确定"按钮,图像效果如图 7-12 所示。按 Ctrl+Shift+E 键合并可见图层。按 Ctrl+Shift+S 键,弹出"另存为"对话框,将其命名为"豆浆机广告背景图",保存为"TIFF"格式,单击"保存"按钮,将图像保存。

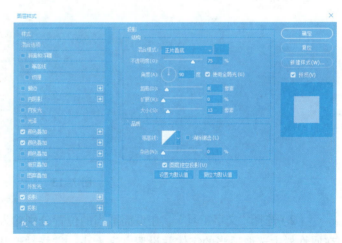

图 7-10　　　　　　　　　　　　　　图 7-11

155

图 7-12

(二)应用 CorelDRAW 软件添加文字

(1)按 Ctrl+N 键,新建一个页面。在属性栏的"页面度量"选项中分别设置宽度为 400 厘米,高度为 170 厘米,按 Enter 键确认操作,页面尺寸显示为设置的大小。按 Ctrl+I 键,弹出"导入"对话框,选择豆浆机广告背景图,单击"导入"按钮,在页面中单击导入的图片,按 P 键,图片居中对齐页面,效果如图 7-13 所示。

图 7-13

(2)选择"文字工具",在页面适当的位置分别输入需要的文字。选择"选择工具",在属性栏中选取适当的字体并设置文字大小。选择"形状工具",分别向左拖拽文字下方的 图标,调整文字的间距,效果如图 7-14 所示。设置文字填充颜色的 CMYK 值为 60、0、100、30,填充文字,效果如图 7-15 所示。

图 7-14

图 7-15

（3）选择"文字工具"，输入需要的文字。选择"选择工具"，在属性栏中选取适当的字体并设置文字大小。设置文字填充颜色的 CMYK 值为 60、0、100、30，填充文字，效果如图 7-16 所示。

图 7-16

（4）选择"文字工具"，输入需要的文字。选择"选择工具"，在属性栏中选取适当的字体并设置文字大小。设置文字填充颜色的 CMYK 值为 60、0、100、30，填充文字，效果如图 7-17 所示。

图 7-17

（5）选择"矩形工具"，在属性栏中将矩形上下左右 4 个角的"圆角半径"均设为 35，在页面适当的位置绘制一个圆角矩形，如图 7-18 所示。设置图形填充颜色的 CMYK 值为 60、0、100、30，填充图形并去除图形的轮廓线，效果如图 7-19 所示。

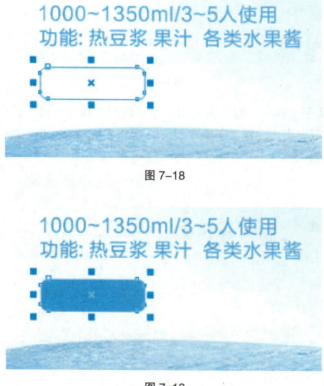

图 7-18

图 7-19

（6）选择"贝塞尔工具"，在圆角矩形中绘制一个三角形，在"CMYK 调色板"中的"白"色块上单击鼠标左键，填充图形为白色并去除图形的轮廓线，效果如图 7-20

所示。

（7）选择"选择工具"，在数字键盘上按"+"键，复制一个图形。单击属性栏中的"垂直镜像"按钮，垂直翻转复制图形，并将其垂直向下拖拽到适当的位置，效果如图 7-21 所示。

（8）选择"文字工具"，输入需要的文字。选择"选择"工具，在属性栏中选取适当的字体并设置文字大小，填充文字为白色，效果如图 7-22 所示。

图 7-20　　　　　　　　　图 7-21　　　　　　　　　图 7-22

（三）应用 Photoshop 软件绘制装饰图形

（1）选择"椭圆形工具"，按 Ctrl 键的同时，在适当的位置绘制一个圆形，如图 7-23 所示；填充图形为白色并去除图形的轮廓线，效果如图 7-24 所示。选择"选择工具"，在数字键盘上按"+"键，复制一个圆形。按 Shift 键的同时，向内拖拽图形右上方的控制手柄，将其缩小。在"CMYK 调色板"中的"30% 黑"色块上单击鼠标左键，填充图形，效果如图 7-25 所示。

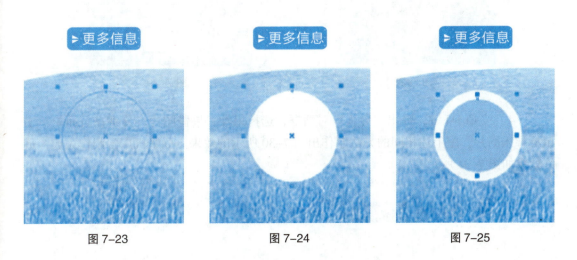

图 7-23　　　　　　　　　图 7-24　　　　　　　　　图 7-25

（2）按 Ctrl+I 键，弹出"导入"对话框，选择豆浆图片，单击"导入"按钮，在页面中单击导入图片，拖拽图片到适当的位置并调整其大小，效果如图 7-26 所示。

（3）按 Ctrl+PageDown 键，将导入的图片后移一层，效果如图 7-27 所示。选择"效果"—"图框精确剪裁"—"放置在容器中"命令，鼠标光标变为黑色箭头（图 7-28），在图形上单击，将图片置入图形中，效果如图 7-29 所示。

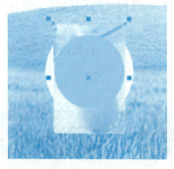

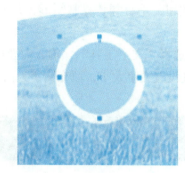

图 7-26　　　　　　　　　　　　图 7-27

图 7-28　　　　　　　　　　　　图 7-29

（4）按 Ctrl+I 键，弹出"导入"对话框，选择果汁、果酱图片，分别在页面中单击鼠标导入图片，用上述相同的方法制作出图 7-30 所示的效果。豆浆机广告制作完成，最终效果如图 7-31 所示。

图 7-30

图 7-31

第二节　平板电脑广告

一、案例分析

平板电脑是一种小型、方便携带的个人电脑，以触摸屏作为基本的输入设备。本案例是以平板电脑为素材制作的销售广告。广告设计要求在抓住产品特色的同时，也能充分展示产品的卖点。

二、设计理念

在设计制作过程中，通过蓝天白云、地图和高楼大厦融合而成的背景，给人以科技感和现代感。添加不同颜色的产品图片展现出产品丰富多样的款式和颜色，同时与背景形成空间变化，让人印象深刻。文字的编排给人条理清晰、主次分明的印象。

三、操作步骤

（一）应用 Photoshop 软件制作背景图

（1）按 Ctrl+N 键，新建一个文件：宽度为 40 厘米，高度为 17 厘米，分辨率为 150 像素/英寸，颜色模式为 RGB，背景内容为白色；单击"创建"按钮。

（2）按 Ctrl+O 键，打开图片。选择"移动工具"，将图片拖拽到图像窗口中适当的位置并调整其大小，效果如图 7-32 所示。在"图层"面板中生成新的图层并将其命名为"背景"。

（3）新建图层并将其命名为"黑色矩形"；将前景色设为黑色；选择"矩形选框工具"，在图像窗口中绘制矩形选区，如图 7-33 所示。

图 7-32

图 7-33

（4）按 Alt+Delete 键，用前景色填充选区；按 Ctrl+D 键取消选区，效果如图 7-34 所示。按 Ctrl+O 键，打开前景色填充区图片。选择"移动工具"，将城市图片拖拽到图像窗口中适当的位置并调整其大小，效果如图 7-35 所示。在"图层"面板中生成新的图层并将其命名为"城市"。

图 7-34

图 7-35

（5）在"图层"面板中，按 Alt 键的同时，将鼠标放在"黑色矩形"图层和"城市"图层的中间，当鼠标光标变为图标后，单击鼠标右键，创建剪贴蒙版，图像窗口中的显示效果如图 7-36 所示。

图 7-36

（6）按 Ctrl+O 键，打开平板图片。选择"移动工具"，将平板电脑图片拖拽到图像窗口中的适当位置，效果如图 7-37 所示。在"图层"面板中生成新的图层并将其命名为"平板电脑"。

图 7-37

（7）单击"图层"面板下方的"添加图层样式"按钮，在弹出的菜单中选择"投影"命令，在弹出的对话框中进行设置,如图 7-38 所示。单击"确定"按钮,效果如图 7-39 所示。

图 7-38

图 7-39

(8)选择"滤镜"—"渲染"—"镜头光晕"命令,在弹出的对话框中进行设置,如图 7-40 所示。单击"确定"按钮,效果如图 7-41 所示。

图 7-40

图 7-41

（9）按 Ctrl+Shift+E 键合并可见图层。按 Ctrl+Shift+S 键，弹出"另存为"对话框，将其命名为"平板电脑广告背景图"，保存图像为"TIFF"格式，单击"保存"按钮，将图像保存。

（二）应用 CorelDRAW 软件添加文字

（1）按 Ctrl+N 键，新建一个页面。在属性栏的"页面度量"选项中设置宽度为 400 厘米、高度为 170 厘米，按 Enter 键确认操作，页面尺寸显示为设置的大小。按 Ctrl+I 键，弹出"导入"对话框，选择平板电脑广告背景图，单击"导入"按钮，在页面中单击导入图片，按 P 键，图片居中对齐页面，效果如图 7-42 所示。

图 7-42

（2）选择"文字工具"，在适当的位置输入需要的文字。选择"选择工具"，在属性栏中选择合适的字体并设置文字大小。单击"文本"属性栏中的"粗体"按钮，将文字设为粗体，效果如图 7-43 所示。

图 7-43

（3）选择"文字工具"，分别输入需要的文字。选择"选择工具"，在属性栏中分别选择合适的字体并设置文字大小。选择输入的文字，分别单击"文本"属性栏中的"粗体"和"斜体"按钮，为文字添加加粗与倾斜效果，如图 7-44 所示。选择"文字工具"，输入需要的文字。选择"选择工具",在属性栏中选择合适的字体并设置文字大小,如图 7-45 所示。

图 7-44

图 7-45

(4)选择"选择工具",选择需要的文字,再次单击文字,周围出现变换选框,将鼠标光标移动到倾斜控制点上,光标变为倾斜符号,如图 7-46 所示。向右拖拽鼠标,使文字倾斜,效果如图 7-47 所示。

图 7-46

图 7-47

(5)选择"文字工具",在页面适当的位置分别输入需要的文字。选择"选择工具",在属性栏中分别选择合适的字体并设置文字大小,如图 7-48 所示。选取需要的文字,单

第七章 网络广告案例分析

击"文本"属性栏中的"粗体"按钮,将文字设为粗体,如图 7-49 所示。平板电脑广告制作完成,效果如图 7-50 所示。

图 7-48

图 7-49

图 7-50

知识回顾

本章主要对豆浆机和平板电脑两个广告制作进行介绍,包括案例分析、设计理念和具体的操作步骤。

课后练习

制作一个葡萄酒广告。使用"矩形工具"绘制底图,使用"导入"命令将素材图片导入,使用"图框精确剪裁"命令将素材图片放置在矩形中,使用文字工具添加文字效果。

最终效果如图 7-51 所示。

图 7-51

参考文献

［1］周洁.网络广告设计与制作［M］.上海：上海人民美术出版社，2018.
［2］史晓燕.网络广告设计与制作［M］.武汉：华中科技大学出版社，2015.
［3］李雪萍，刘丽彦.网络广告策划、设计与制作［M］.北京：化学工业出版社，2012.
［4］周建国，郑龙伟.平面广告设计与制作［M］.北京：人民邮电出版社，2013.